Knaur

Über die Autoren:

Jan Ullrich wurde am 2. Dezember 1973 in Rostock geboren und lebt heute mit seiner Freundin Gaby in Merdingen. Im Jahr 1993 war er Amateurweltmeister und Weltcupsieger der Amateure. Seit 1995 fährt er im Team Telekom. Mit dem Gesamtsieg bei der Tour de France 1997 feierte er seinen bisher größten Erfolg als Radprofi.

Hagen Boßdorf, Jahrgang 1964, ist Sportchef beim Ostdeutschen Rundfunk Brandenburg (ORB) in Potsdam und berichtet seit 1991 von Radweltmeisterschaften und seit 1992 für die ARD von der Tour de France. Erfolgreicher Buchautor.

Peter Becker, Jahrgang 1938, betreut Jan Ullrich seit 1987; zunächst vier Jahre beim SC Dynamo Berlin (heute SC Berlin), von 1992 bis 1994 bei der RG Hamburg, anschließend bei den Profis. Er arbeitet seit 35 Jahren als Radsport- und Boxtrainer.

Gero Breloer, Jahrgang 1972, betreibt als Fotojournalist seit 1993 eine eigene Fotoagentur in den Bereichen Sport und News. Nach einer Ausbildung im Bonner Bildbüro der Deutschen Presse-Agentur (dpa) ist er als Freelancer im Düsseldorfer dpa-Büro tätig. Seit 1993 begleitet er die Tour de France.

Jan Ullrich
Mein
Tour-Tagebuch
Tour de France 1998

Co-Autor: Hagen Boßdorf
Fotos: Gero Breloer
Redaktionelle Mitarbeit: Peter Becker

Knaur

Redaktion: Peter Felixberger

Originalausgabe September 1998
Copyright © 1998 bei Droemersche Verlagsanstalt
Th. Knaur Nachf., München

Umschlaggestaltung: Agentur Zero, München
Umschlagfoto: ASA/Temp Sport
Gestaltung und Herstellung: Presse- und Verlagsservice
Uwe Aufleger, Erding
Fotos: Gero Breloer
Peer Grimm: I/S. 2 unten, S. 68
Motorradfahrer: Guy de Vuyst
Laborantin: Eva Henschkowski
Illustrationen: Limo Grafik Hans Lechner, Pastetten
Satz: Presse- und Verlagsservice
Uwe Aufleger, Erding
Druck und Bindung: Clausen & Bosse, Leck
Printed in Germany
ISBN 3-426-77441-0

5 4 3 2 1

INHALT

VORWORT

Woran wird man sich erinnern, wenn man in einigen Jahren auf die Tour de France 1998 zurückblickt? An den tollen Start in Irland, die Sprintduelle von Zabel, Steels und Cipollini oder den großen Angriff von Pantani in den Bergen? Wird man noch wissen, daß ich bei der ersten Alpenetappe nach einem Schwächeanfall fast neun Minuten verlor und einen Tag später die zweite Alpenetappe gewann? Oder wird diese Tour de France später nur mit Verhaftungen, Verhören, Streiks, Disqualifikationen, eben mit dem größten Doping-Skandal in der Geschichte des Radsports in Verbindung gebracht werden?

Es hat oft keinen Spaß gemacht, bei dieser Tour dabeizusein. Ich habe ein halbes Jahr nur für dieses Rennen trainiert. Ich habe mich über die Pyrenäen und die Alpen gequält. Ich gewann einige Etappen und trug das Gelbe Trikot. Aber diese sportlichen Dinge wurden zur »schlimmsten« Nebensache beim »schönsten Radrennen der Welt«. Sportler, die mit fairen Mitteln gegeneinander kämpfen wollten, gerieten in Frankreich zwischen die Fronten von karrieresüchtigen Juristen und Polizisten, unentschlossenen Organisatoren und unmoralischen Kollegen.

Trotzdem habe ich mich entschlossen, dieses Buch über die Tour de France 1998 zu veröffentlichen. Der Journalist Hagen Boßdorf und Fotograf Gero Breloer waren meine Partner in Frankreich. Tag für Tag haben sie mich auf den 3800 Kilometern zwischen Dublin und Paris begleitet. Wir wünschen uns, daß man sich später an beide Seiten dieser Tour de France erinnert: an die beschämende Doping-Affäre und an den großartigen Sport.

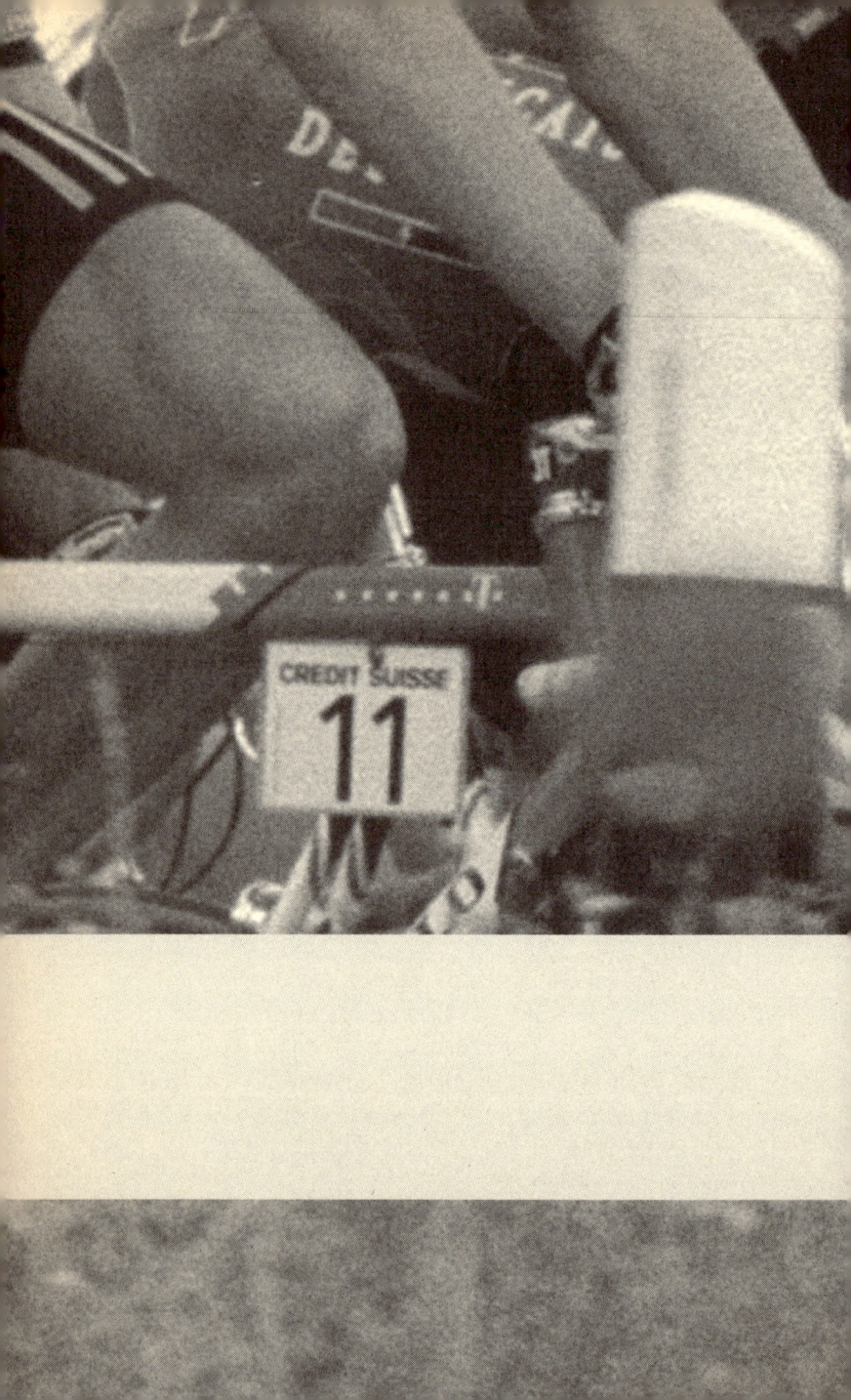

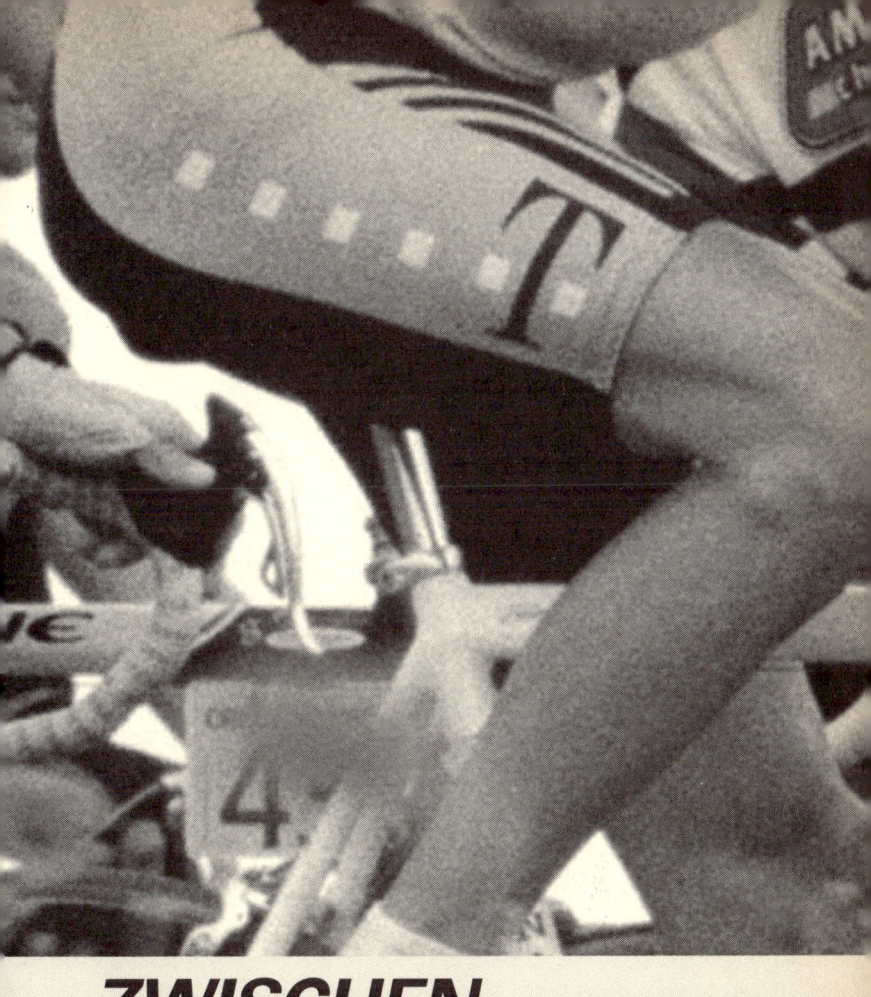

ZWISCHEN
TOUR UND TOUR

ZWISCHEN TOUR UND TOUR –
DIE SAISON 1997/98

»Wer ist der größte deutsche Sportler aller Zeiten?« fragte das Nachrichtenmagazin *Der Spiegel* in einer Meinungsumfrage im Oktober 1997. 16 Prozent der Befragten nannten einen Namen: Jan Ullrich. Platz eins! Erst dahinter folgten die Sportlegenden Michael Schumacher, Max Schmeling und Boris Becker. Der frische Ruhm

des ersten deutschen Tour-de-France-Siegers verschaffte ihm die höchsten Sympathiewerte. In der »Tour nach der Tour« wurde er von Hunderttausenden an den Rennstrecken zwischen Hamburg und Karlsruhe gefeiert.

Alle wollen sich mit dem neuen deutschen Sporthelden schmücken. Die Sponsoren stehen Schlange bei Manager Wolfgang Strohband. Er wählt nur einen kleinen, exklusiven Kreis aus. Adidas (Sportartikel) schließt einen Zehn-Jahres-Vertrag ab, auch Tag Heuer (Uhren) und Nestlé (Nahrungsmittel) dürfen neben der Deutschen Telekom mit Jan Ullrich werben. Dem Radprofi gelingt der Aufstieg in den Kreis der bestverdienenden Sport-Millionäre. Dies alles zählt nichts

DIE SAISON
VON JAN ULLRICH

mehr, als Ende November das Training für die nächste Saison beginnt.

Winterspeck und Angina

Es wird ein harter Winter für Jan Ullrich. Er muß gleichzeitig Muskeln an- und Körperfett abtrainieren. Das erste Trainingslager auf Lanzarote beginnt er mit 83 Kilogramm. Für jeden »normalen« Menschen ein Idealgewicht, für einen Radrennfahrer zuviel. Der genaue Fahrplan der Gewichtsabnahme wird immer wieder durch Krankheiten unterbrochen: nach dem ersten Trainingslager Erkältung, nach dem zweiten eine Gehörgangsentzündung. Den Vormittag des Heiligen Abends verbringt Jan Ullrich im Wartezimmer einer Arztpraxis. Die Folge: zwölf Tage Trainingsausfall.

> »Jan wird die Erfahrung machen, wie kompliziert manches für einen Tour-de-France-Sieger wird.«
> Bjarne Riis, Tour-Sieger 1996

Im Januar die Rückkehr in die Sonne – Training auf Mallorca. Wieder Halsschmerzen und Fieber – vier Tage Trainingspause. Im Februar beginnen die ersten Rennen bei der Mallorca-Rundfahrt. Er gibt vor der letzten Etappe auf. Insgesamt hat Jan Ullrich schon mehr als zwei kostbare Trainingswochen verloren. Schneller als gedacht findet sich der strahlende Tour-Sieger im strapaziösen Alltag eines Radrennfahrers wieder.

> »Die öffentliche Abmagerungskur«
> Süddeutsche Zeitung, 16.4.98

Frühlings Erwachen

Ullrich wiegt noch 60 Kilogramm. Sein Körpergewicht scheint das wichtigste Thema des deutschen Radsports zu sein. Hiobsmeldungen verstärken die Diskussion: Training auf Mallorca: 39 Grad Fieber, Abreise nach Freiburg. Rund-

Jan Ullrichs Ergebnisse 1998:

Datum	Rennen	Ergebnis
8.–12. Feb.	Mallorca-Rundfahrt	Aufgabe nach der 4. Etappe
24.–28. Feb.	Valencia-Rundfahrt	97. Platz (–25:18)
11.–18. März	Tirreno-Adriatico	Aufgabe nach 39 km der 1. Etappe
23.–27. März	Katalanische Woche	134. Platz (–47:57)
6.–10. April	Baskenland-Rundfahrt	Aufgabe nach der 3. Etappe
12. April	Grand Prix Amorebieta	Aufgabe nach 150 km
15.–19. April	Aragon-Rundfahrt	78. Platz (–34:16)
26. April	Berner Rundfahrt	12. Platz (–0:56)
1. Mai	Henninger Turm	49. Platz (–0:07)
3. Mai	Grand Prix Gippingen	56. Platz (–1:40)
27.–31. Mai	Bicicletta Vasca	24. Platz (–5:11)
1.–4. Juni	Castilia - León	3. Platz (–1:06)
6. Juni	Classiques des Alpes	14. Platz (–1:44)
16.–25. Juni	Tour de Suisse	10. Platz (–4:57)
27.–30. Juni	Route du Sud	4. Platz (–1:12)
5. Juli	Deutsche Meisterschaft	2. Platz (–0:07)

fahrt Tirreno-Adriatico: Aufgabe nach 39 Kilometern der ersten Etappe. Katalanische Woche: 134. im Zeitfahren.

Die Berichterstatter überbieten sich in dramatischen Darstellungen. Die Deutsche Presseagentur »weiß« von einem Sonderflugzeug, das Ullrich von Mallorca nach Freiburg ins Krankenhaus gebracht hätte. Die spanische Zeitung As meldet noch im April zehn Kilo Übergewicht. Die französische Sportzeitung L'Equipe kommentiert »Ullrich indigne« – »Ullrich unwürdig«. Ein Tour-de-France-Sieger wird mit anderen Maßstäben gemessen als alle anderen Rennfahrer.

> »Was kümmert es eine deutsche Eiche, wenn sich ein Schwein an ihr kratzt.«
> Peter Becker, Trainer

Die aufmerksamen Beobachter erkennen dagegen eine Formverbesserung: 12. bei der Berner Rundfahrt (26. April), 49. mit nur sieben Sekunden Rückstand bei »Rund um den Henninger Turm« (1. Mai). Ganz langsam findet Jan Ullrich den Weg zu seiner Tourform.

Kraftvoll in den Sommer

Plateau de Beille, 28. Juni: Die zweite Etappe der »Route du Sud« endet in 1780 Meter Höhe in den Pyrenäen. Der letzte

Anstieg ist 17 Kilometer lang. Jan Ullrich forciert das Tempo. Ruhig, im Sattel sitzend, kraftvoll. Ein Test für sich und gegen andere. Richard Virenque verliert fast vier Minuten.

Rheinfelden, 5. Juli: In der letzten Runde der deutschen Meisterschaft liegt Ullrich gemeinsam mit Erik Zabel an der Spitze. Der Titelverteidiger kontrolliert das Rennen, aber Zabel gewinnt.

Freiburg, 8. Juli: In der Universitäts-Klinik der letzte Test auf dem Ergometer. Fast 500 Watt in einer Stunde, Leistungsfähigkeit und Erholungsvermögen sind beeindruckend. Jan Ullrich ist in Form. Die Tour kann beginnen.

Preise und Titel 1997

Sportler des Jahres, Weltradsportler des Jahres, Vélo d'Or (Frankreich), Fausto-Coppi-Trophäe (Italien); mit dem Team: Mannschaft des Jahres, Bundesverdienstkreuz, Bambi (Burda-Verlag), Fair-Play-Preis der Deutschen Olympischen Gesellschaft.

Mein lieber Ulli!

Alles Gute für die Trainings- und Wettkampfsaison 1998. Insbesondere Erfolg, Gesundheit, Spaß und Freude als Voraussetzung dazu.
Solange alle guten Wünsche bei Dir sind, wird wie bisher auch alles gutgehen und Dir nichts Böses geschehen. Diese meine innere Überzeugung war nicht nur immer für mich die entscheidende Triebkraft. Damit das so bleibt, zunächst dreimal Holz.

31. Dezember 1997,
Peter

Mein lieber Ulli!

Ich hoffe, Du bist wohlauf, gesund und putzmunter, und vor allem hoffe ich, daß die Beine »gut« sind und im Kopf wieder Deine alte Moral und Deine Motivation hundertprozentig eingezogen sind.
Ich denke noch ständig über all das nach, was wir so geredet haben. Besonders darüber, ob wir die richtige Sicht auf die Dinge haben. Ich habe übrigens einmal versucht einzugrenzen, wann und wie oft Du von 1996 bis jetzt an den oberen Luftwegen erkrankt warst. Prüfe Du doch einmal nach, ob es nicht immer mit

TRAINER PETER BECKER SCHREIBT AN JAN ULLRICH

den Aufenthalten in Spanien oder auf Mallorca zu tun hat. Du weißt, worauf ich hinaus will.

Wenn Du wirklich allergisch auf die Kiefernpollen reagierst, dann können nicht Deine Mandeln schuld sein. Andererseits könnte Lothar dann auch gezielt gegen diese Allergie vorgehen. Ach ja, Deine Katalanische Woche ist bald geschafft – wie geht es weiter?

Meine Überlegungen sind folgende, vorausgesetzt, Du hast die Woche mit besserer Form beendet. Ich denke, Du wirst noch kämpfen müssen, und darum ist eine gewisse Behutsamkeit angebracht. Das aus mehreren Gründen, wobei der wichtigste ist, daß Du nicht mit überzogener Intensität zu schnell in Form kommst. Das hat, so denke ich, bis Aragon beziehungsweise Bern Zeit.

Ganz wichtig ist, daß Spannung und Elastizität Deiner Muskulatur wieder in Ordnung kommen. Das bringt Dir dann Deine Kraft wieder. (Kreativ! Viel trittfrequenzorientiertes Training und viele Massagen.) Damit sich Deine Bronchien wieder erholen, viel inhalieren. Salbei, Thymian und Kamille benutzen.

Nach der Aragon sieht die Welt wieder anders aus, und wenn die Beine stimmen, Du weißt, stimmt der Kopf und die Moral, und das wünsche ich Dir schnell und von ganzem Herzen.

Eigentlich sollten Brief und TP schon bei Dir sein – entschuldige die Verspätung, aber solchen Streß wie nach dem letzten Trainingslager hatte ich lange nicht mehr. Wir telefonieren heute Abend.

Alles Gute, Grüße auch an Gaby!

25. März 1998,
Peter

Endlich geht es los. Morgen beginnt meine dritte Tour de France. Ich habe sie sehr erwartet. Die letzten Wochen wurden immer länger für mich: Reicht meine Form? Haben wir alles richtig gemacht? Wie stark sind die Konkurrenten? Die Antworten auf meine Fragen werde ich erst in den nächsten drei Wochen erhalten. Meine letzten Tests sind zufriedenstellend verlaufen. Ich habe bei der Route du Sud in den Pyrenäen meine Kräfte am Berg ausprobiert,

Beim Training in Dublin einen Tag vor Tourbeginn.

bei der Deutschen Meisterschaft in Rheinfelden meine Kondition getestet und auf dem Ergometer in der Uni-Klinik Freiburg sehr gute Testwerte erreicht. Nach einer Stunde maximaler Belastung erläuterte mir mein Arzt Dr. Lothar Heinrich die ermittelten Werte wie Leistungsfähigkeit, Herzvolumen und Sauerstoffaufnahme. Ergebnis: Die Form stimmt.

GEDANKEN DAVOR – EINEN TAG VOR DEM START DER TOUR

Der Abschied von Merdingen war ganz unspektakulär. Gaby hatte einen Tag frei. Aber ich mußte noch viel erledigen, so daß wir kaum Zeit für uns hatten. Wir

19

Ankunft von Jan Ullrich in Dublin.

waren abends gemeinsam essen, dann mußte ich auch schon meine Sachen packen, und ab ging's nach Irland.

Wir wohnen im »Royal Marine Hotel« an der Küste, 15 Kilometer außerhalb von Dublin. Ein ruhiges Hotel, das wir nur zum Training, zur medizinischen Kontrolle und Teampräsentation verlassen müssen. Leider dauert es fast drei Stunden, bis wir wieder aus dem Castle von Dublin, wo die offiziellen Termine stattfinden, zurückgekehrt sind. Der Rummel um mich ist jetzt schon wieder so groß wie vor einem Jahr. Ich hatte gehofft, daß die meisten Journalisten noch bei der Fußball-WM in Frankreich wären. Aber denkste, sie sind fast alle schon da. Wir werden im Team versuchen, uns in diesem Jahr etwas professioneller abzuschotten. Wir brauchen einfach ein paar Ruhezonen. Ob uns das gelingt, werden wir sehen. Ob wir erfolgreich sein können, auch. Jedenfalls bin ich sehr froh: Endlich geht es los!

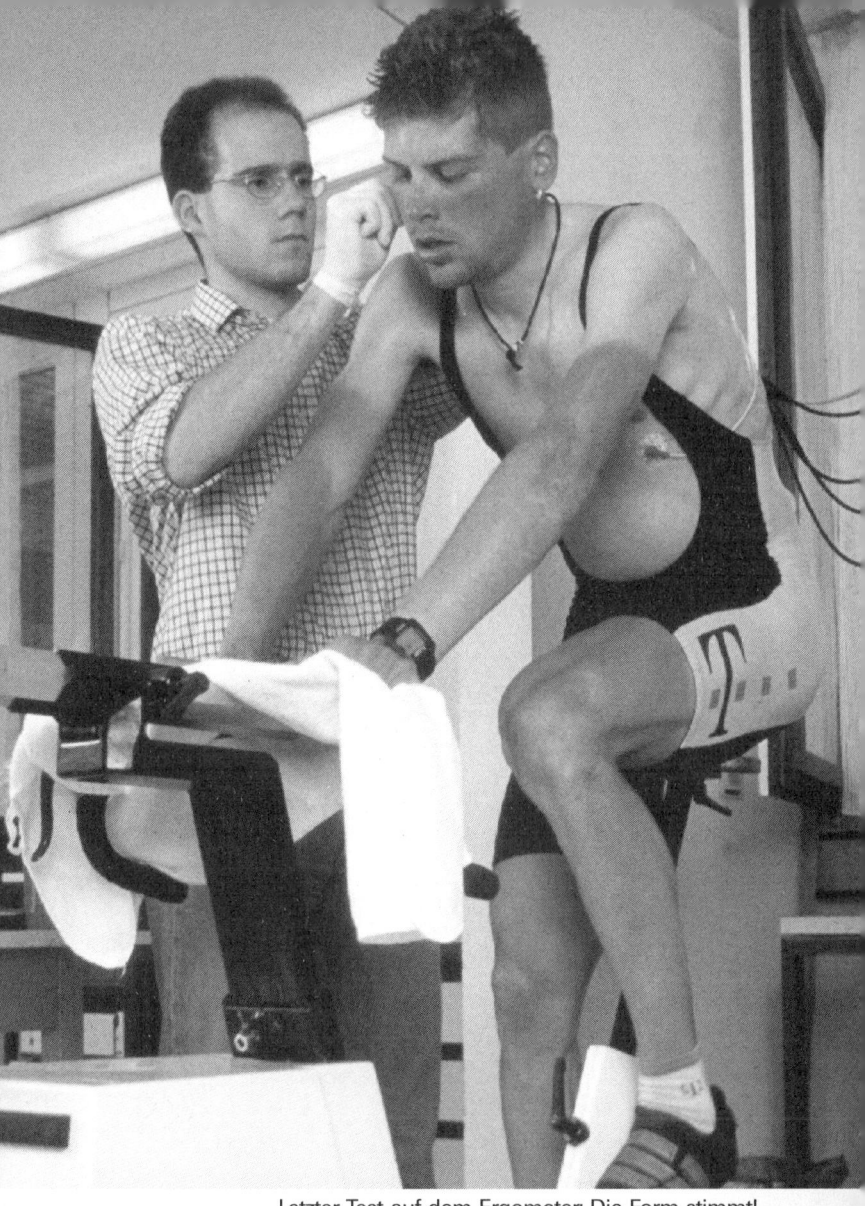

Letzter Test auf dem Ergometer: Die Form stimmt!

DIE TOUR IN IRLAND

VORBEREITUNG AUF DEN TOUR-TROSS

Der erstmalige Start des größten Radrennens der Welt auf einer Insel garantierte von Beginn an höchste Aufmerksamkeit. Zumal zwei komplizierte Probleme gelöst werden mußten. Erst einmal mußte die irische Regierung die Orte an der Strecke davon überzeugen, für die Sanierung der Tour-Strecke den Straßenbauetat der nächsten vier Jahre vorzuziehen. Das zweite Problem war, die riesige Tour-Karawane von Irland nach Frankreich zu bringen. Drei Großraumflugzeuge für Fahrer, Betreuer und Journalisten stellte die Societé de Tour de France zur Verfügung. Eine Fahrgesellschaft kümmerte sich um den Transport der Technik und von 1500 Autos. Dabei machte sie 2,5 Millionen DM Verlust.

EXTRA: IRLAND UND DIE TOUR

Kelly und Roche – zwei mit Hand und Fuß

Zwei Männer traten als Vermittler zwischen irischer Regierung und französischen Organisatoren auf: Sean Kelly und Stephen Roche. In Carrick-on-Suir (200 Kilometer südlich von Dublin) erinnern heute der Marktplatz und das kleine Stadion an Sean Kelly. Er war in den achtziger Jahren einer der

erfolgreichsten Klassiker-Jäger, gewann Rennen wie Paris–
Roubaix und Mailand–San Remo. Bei der Tour de France
eroberte der Rotschopf viermal das grüne Sprintertrikot.
Kelly lebt in Dublin und arbeitet für eine Mountainbike-Firma.
Stephen Roche wuchs in Dundrum am Stadtrand von Dublin
auf. Seine Eltern hatten zuwenig Geld, um seine Radsport-
karriere zu unterstützen. Im Einkaufsladen des Ortes wurde
deshalb in einer Sparbüchse Geld für den Start von Stephen
Roche gesammelt. 1987 siegte der Ire beim Giro d'Italia, bei
der Tour de France und der WM. Heute vertreibt er Radsport-
bekleidung und ist als Co-Kommentator für Eurosport tätig.

Carrick-on-Suir und Dundrum

Als Dank an die beiden bekanntesten irischen Radrennfahrer
machte die Tour halt in deren Heimatorten. Die erste Etappe
begann in Roches Geburtsort Dundrum. Auf der zweiten
Etappe erinnerten eine Sprintwertung und eine Bergprämie in
Carrick-on-Suir an Sean Kelly. Nun hoffen die Iren auf einen
Radsportboom wie am Ende der achtziger Jahre. Damals gab
es 6000 organisierte Radfahrer auf der »grünen Insel«. Heute
sind davon nur 2000 übriggeblieben.

Iren bei der Tour:

Seamus Elliott:	6mal, 1963 Etappensieger in Roubaix und Träger des Gelben Trikots;
Sean Kelly:	14mal, 1985 Vierter, fünf Etappensiege, 4mal Sprintertrikot, ein Tag im Gelben Trikot;
Stephen Roche:	10mal, 1985 Dritter, 1987 Erster, drei Etappensiege;
Martin Earley:	8mal, 1989 Etappensieg in Pau;
Paul Kimmage:	3mal, 1986–1989;
Laurence Roche:	1mal, 1991.

Telegramm: 500 000 Zuschauer in Dublin – Chris Boardman gewinnt zum dritten Mal im Prolog – Jan Ullrich als Sechster nur fünf Sekunden dahinter.

Beim Warmfahren kurz vor Beginn des Prologs.

Die Atmosphäre in Dublin war toll. Die Straßen waren schon beim Warmfahren gut abgesperrt. Ich fuhr durch ein dichtes Spalier applaudierender Menschen und wußte: Jetzt ist es endlich soweit.
Beim Prolog kann man nicht viel falsch machen. Fünf Kilometer treten, treten, treten. Natürlich bin ich mit hundert Prozent Einsatz gefahren. Wer will den Prolog nicht gewinnen? Nur in die regennassen Kurven ging ich nicht mit vollem Risiko. Warum auch? Hier gewinnt oder verliert man wenige Sekunden. Mit meinem sechsten Platz bin ich wirklich zufrieden.
Der Sieg von Chris Boardman hat mich nicht überrascht. Der Brite bereitet sich ein halbes Jahr nur auf diesen Prolog vor, damit er ein oder zwei Tage das Gelbe Trikot der Tour

11. JULI: PROLOG IN DUBLIN, 5,7 KM

tragen kann. Ich mag Boardman und fahre im Rennen, wenn es ruhig ist, oft neben ihm. Da ich kein Französisch, aber leidlich Englisch spreche, kann ich mich mit ihm ganz gut unterhalten.
Für den Prolog habe ich mich für mein altes Zeitfahr-

Fünf Sekunden trennen Jan Ullrich vom ersten Platz.
Dennoch erstklassiger Sechster.

*rad von unserem Ausrüster Pinarello entschieden. Ich habe
damit im vorigen Jahr gewonnen und war zufrieden mit ihm.
Erik Zabel und Bjarne Riis fuhren hier neue Räder. Das
haben die Pinarello-Leute zusammen mit dem FES gebaut.
Das sind Techniker aus Berlin, die ich schon seit meiner
Amateurzeit kenne.*

*Ziemlich viel Wirbel gibt es um das Festina-Team von
Richard Virenque und Alex Zülle. Man hat einen Pfleger fest-
genommen, der auf dem Weg zur Tour de France war. In sei-
nem Auto fand die französische Polizei Unmengen von
Dopingmitteln. Man spricht von über 400 Ampullen. Unser
Doktor Lothar Heinrich meinte, damit könne man das halbe
Peleton dopen. Beim Team Deutsche Telekom wäre so eine
Affäre undenkbar. Insgesamt bekomme ich von dieser Ge-
schichte wenig mit, da ich sowieso keine Zeitung lese.*

28

Telegramm: Tom Steels gewinnt den Massenspurt im Phoenix Park in Dublin − Erik Zabel wird Zweiter − Favorit Mario Cipollini stürzt sieben Kilometer vor dem Ziel − Jan Ullrich fährt unauffällig und kraftsparend − Chris Boardman bleibt in Gelb.

Nirgendwo sind die Rennen so hektisch wie bei der Tour de France. Alle Fahrer erinnern

180 Kilometer mit Start und Ziel in Dublin.

sich natürlich an die vielen Stürze auf den ersten Etappen im letzten Jahr, als Leute wie Tony Rominger und Alex Zülle verletzt ausgeschieden sind. Um dieser Sturzgefahr zu entgehen, läßt sich jeder Kapitän von seinen Helfern nach vorne fahren. Dort ist die Chance etwas größer, diesen Massenstürzen zu entgehen, die plötzlich und brutal das Feld erschüttern. Es entsteht ein furchtbares Gedränge und Geschubse im Feld. Und man kann ganz und gar nicht behaupten, daß ich als Tour-de-France-Sieger vom letzten Jahr dabei irgendwelche Privilegien genießen würde.

12. JULI:
1. ETAPPE
DUBLIN−DUBLIN,
180,5 KM

Der Italiener Cipollini stürzte wenige Kilometer vor dem Ziel. Das war besonders bitter für ihn. Seine Mannschaft hatte den ganzen Tag für ihn geschuftet, weil er wie im vorigen Jahr als Etappensieger das Gelbe Trikot erobern wollte.

Udo Bölts (2. v. r.) ist ein starker Helfer von Jan Ullrich.

Die Taktik für unseren Sprinter Erik Zabel sah deshalb so aus, daß er sich auf Cipollini konzentrieren und aus dessen Windschatten antreten sollte. Ich war als drittletzter Fahrer vorgesehen, der Erik bis zur 1000-Meter-Marke in Schwung bringen sollte. Danach folgen nur noch Christian Henn und Rolf Aldag – und auf den letzten 200 Metern kann Erik sowieso keiner mehr folgen.

Unser Plan ging nicht auf. Das Finale war durch den Sturz und eine sehr lange, breite Zielgerade sehr hektisch und unübersichtlich. Dann verlor Erik das Hinterrad von Rolf Aldag, wurde von anderen Fahrern eingeklemmt und mußte leider viel zu früh durch eine Lücke huschen und in Führung gehen. Darauf spekulierte der Belgier Steels, der aus Erik Zabels Windschatten auf den letzten Metern an ihm vorbeispurtete. Ein zweiter Platz ist eigentlich super, aber die Sprinter sagen: Der Zweite ist der erste Verlierer.

Im Team Deutsche Telekom hat es kurz vor dem Tour-Start noch einen Fahrerwechsel gegeben, der Erik natürlich nicht besonders gefallen hat. Sein Helfer im Sprint, Giovanni Lombardi, wurde gegen dessen italienischen Landsmann Francesco Frattini ausgetauscht. Der ist stärker in den Bergen und ein wichtiger Helfer für Bjarne Riis und mich. Ich bin mir aber sicher, daß Erik Zabel auch so bei dieser Tour noch sein Etappensieg gelingen wird. Wir werden ihm dabei helfen.

Telegramm: Chris Boardman stürzt und wird mit einer Gehirnerschütterung und Platzwunden ins Krankenhaus eingeliefert – Im Massenspurt siegt der Tscheche Jan Svorada – Erik Zabel übernimmt das Gelbe Trikot.

Jens Heppner, Jan Ullrich und Georg Totschnig (v. l.) vor dem Start zur 2. Etappe.

Manchmal ist Radsport wirklich verrückt. Erik Zabel hat in seiner Karriere schon so viele Rennen gewonnen. Heute verlor er und errang trotzdem einen seiner größten Erfolge: das Gelbe Trikot der Tour de France. Davon träumt jeder Rennfahrer. Die entscheidenden Sekunden eroberte er schon unterwegs bei den Sprintwertungen, bei denen es Sekundengutschriften zu holen gibt. Für mich sind diese »Ablenkungsmanöver« ideal, weil ich unauffällig im Feld mitrollen und mich auf die entscheidenden Etappen vorbereiten kann. Mich freut dieses Trikot besonders für Erik. Seine Leistungen werden in Deutschland oft nicht angemessen gewürdigt. Wenn ein Italiener zweimal nacheinander das Weltcup-Rennen Mailand–San Remo gewinnt, dann würde man ihm in

13. JULI: 2. ETAPPE ENNISCORTHY–DUBLIN, 205,5 KM

seinem Heimatort ein Denkmal errichten. Bei uns ist das anders. Auch in diesem Frühjahr hat Erik Zabel unsere Ehre mit seinen 15 Siegen gerettet. Abends im Hotel gab es Champagner für alle. Der Transfer von Irland nach

Frankreich war wie immer absolut unangenehm. Da fährt man eine schwere Etappe, hat kaum Zeit zum Duschen, zwängt sich in enge Busse und muß so lange fliegen. Bei den Fahrern sind diese Aktionen sehr unbeliebt. Um so größer war die Freude, als ich abends endlich auf der Massagebank von »Eule« lag. Es soll aber keiner denken, mir hätte dieser Irland-Trip nicht gefallen. Die Stimmung war wirklich toll,

viele Städte waren phantasievoll geschmückt, die Zuschauer standen Spalier, das Wetter war gut – nur dieser Transfer … Na, vergessen wir's.

Überschattet wird dieser Tag vom Sturz von Chris Boardman. Ich fuhr direkt hinter ihm. Es war eine kleine, enge Straße, die von einer Mauer begrenzt war. Plötzlich sah ich den Italiener Casagrande durch die Luft fliegen. Boardman habe ich erst gar nicht erkannt. Aber im Feld spricht sich natürlich sehr schnell herum, daß der Träger des Gelben Trikots nicht mehr dabei ist. Es hat ihn heftig erwischt: Gehirnerschütterung, gebrochener Daumen und eine Platzwunde über dem Auge. Ich war ziemlich traurig, als wenige Kilometer später ein Krankenwagen an uns vorbeifuhr, in dem Chris lag. Nach einem Sturz im Gelben Trikot ausscheiden – so etwas wünscht man keinem seiner Gegner.

Entspannen und Beine hoch: Jan Ullrich im Flugzeug nach Brest.

Fahrerfeld vor blühenden Landschaften

Wer nichts zu
verbergen hat, hat gut lachen!

Mit blütenweißer Weste
zur Dopingkontrolle

Einer für alle, alle für einen!

Zwei
Außerirdische:
Jan Ullrich
und Richard
Virenque

Am Ziel aller Träume!

Keine Atempause, immer im Rampenlicht. Medienrummel ohne
Ende.

Richard Virenque im Blitzlichtgewitter: Kurze Zeit später wird das
gesamte Festina-Team von der Tour ausgeschlossen.

DIE TOUR BIS ZUM ZEITFAHREN

Am 17. Juli 1998 um 22.49 Uhr tritt Tour-Direktor Jean-Marie Leblanc in Brive-la-Gaillarde vor die internationale Presse und teilt mit: »Wenn die Verantwortlichen eines Teams die planmäßige Einnahme von Doping-Mitteln unter Mitwissen aller Beteiligten zugeben, dann müssen wir die Fahrer dieses Teams von der Tour de France ausschließen!«
Die Tour 98 hat ihren Doping-Skandal. Erstmals in der

EXTRA:
DOPING BEI DER
TOUR DE FRANCE

95jährigen Geschichte dieses Radrennens wird eine ganze Mannschaft disqualifiziert. Doping bei der Tour de France – längst keine Eintagsfliege!

Doping: Blick zurück nach vorne
1959: Der französische Zoll beschlagnahmt Pillen für den Luxemburger Charly Gaul, der schon zweimal bester Bergfahrer war und ein Jahr zuvor die Tour gewann. Es sind medizinische Produkte zur Leistungssteigerung. Ihre Einnahme war nicht verboten. Tour-Ärzte forderten aber schon damals Doping-Kontrollen.
1960: Tour-Arzt Pierre Dumas entdeckt, wie sich der italienische Meister Gastone Nenzini im Hotel männliche Hormone per Infusion spritzt.

1962: Die Favoriten Nenzini und der Deutsche Hans Junkermann scheiden plötzlich aus dem Rennen aus. Offizielle Begründung: Lebensmittelvergiftung. Die Mediziner sind sich einig: Es können auch Morphine gewesen sein.

1966: Am 28. Juni findet die erste offizielle Doping-Kontrolle bei der Tour de France statt. Bei der zweiten Kontrolle am 5. Juli sind sechs Fahrer positiv.

Es folgt der bisher schlimmste Doping-Fall: Am Freitag, den 13. Juli, stürzt der Engländer Tom Simpson nach einem Kollaps bei großer Hitze beim Anstieg zum Mont Ventoux. In der Trikottasche des ehemaligen Weltmeisters werden Röhrchen mit Amphetaminen gefunden. Simpson stirbt auf dem Weg ins Krankenhaus.

Vertrauen ist gut, Kontrolle ist besser!

1969: Tour-Sieger Eddy Merckx aus Belgien soll vom Arzt Lucien Maigre Doping-Mittel erhalten haben. Maigre streitet zunächst alle Vorwürfe ab. Jahre später wird bekannt, daß Eddy Merckx (525 Siege!) oft Cortison einnahm.

1978: Der Träger des Gelben Trikots, Michel Pollentier aus Belgien, gibt bei einer Doping-Kontolle fremden Urin ab. Der Beweis: Das Röhrchen war kalt.

1980: Der fünfmalige Tour-Sieger Bernard Hinault (Frankreich) gibt im Gelben Trikot auf. Knieprobleme sollen der Grund sein. Tour-Arzt Philippe Mizères vermutet dahinter Cortison, das die Knochen »morsch« macht. Der deutsche Profi Dietrich Thurau wird aus der Tour genommen: Er wurde zum dritten Mal in dieser Saison positiv getestet.

1987: Dietrich, kurz Didi, Thurau beendet auch seine letzte Tour de France vorzeitig. Ihm wird die Einnahme von Anabolika nachgewiesen.

1988: Der Spanier Pedro Delgado hat Mittel eingenommen, die Doping verschleiern. Sie stehen nicht auf der Liste des Radsport-Weltverbandes, UCI, aber auf dem Index des Internationalen Olympischen Komitees, IOC. Delgado gewinnt die Tour. 15 Tage später werden diese Mittel auch von der UCI verboten.

Kein Ende in Sicht

1991: Das komplette niederländische PDM-Team mit den Deutschen Falk Boden und Uwe Raab wird wegen einer »Lebensmittelvergiftung« von der Tour zurückgezogen. Fünf Jahre später gibt Raab zu, daß es an einem unsachgemäß gelagerten Doping-Präparat lag. Der Belgier Eddy Planckaert, Gewinner des Grünen Trikots 1988, gibt nach Abschluß seiner Laufbahn die Einnahme von EPO zu.

1997: Der Usbeke Dsharnolidin Abdushaparow wird nach der Einnahme von Clenbuterol und Bromantan ausgeschlossen. Im Vorfeld war er mehrfach positiv, wurde allerdings nur verwarnt.

1998: Auf dem Weg zur Tour nach Irland wird der Pfleger Willy Voet vom Festina-Team verhaftet. In seinem Auto findet die Polizei über 400 Doping-Ampullen. Auch der Sportliche Leiter Bruno Roussel und der Teamarzt Dr. Ryckaert werden festgenommen. Sie legen ein umfassendes Geständnis ab: Im Team Festina wurde über längere Zeit unter Aufsicht der Ärzte und unter Mitwissen der Fahrer systematisch gedopt. Das Team wird komplett ausgeschlossen.

Telegramm: Am Nationalfeiertag die erste Etappe in Frankreich − Eine Spitzengruppe mit neun Fahrern bestimmt das Rennen − Jens Heppner gewinnt im Spurt gegen Xavier Jan − Erik Zabel verliert das Gelbe Trikot − Däne Bo Hamburger übernimmt die Führung − Heppner nur vier Sekunden dahinter.

Jens Heppner jubelt nach seinem Etappensieg.

Wie gut meine Form ist, kann ich nach drei Tagen immer noch nicht genau sagen. Es gab noch keine hohen Berge oder andere Schwierigkeiten als Härtetest. Um zu wissen, wie gut ich drauf bin, benötige ich keinen Computer. Daten wie Pulsfrequenz und anaerobe Schwelle helfen mir jetzt sowieso nicht mehr weiter. Ich lausche nur in meinen Körper hinein. Und es hört sich nicht schlecht an.

Wie gut meine Laune ist, kann ich hingegen genau sagen: Sie ist hervorragend. Denn mein Kumpel »Heppe« hat heute die Etappe gewonnen. Das Rennen durch die Bretagne begann sehr hektisch mit vielen Attacken. Normalerweise muß die Mannschaft die Arbeit im großen Feld übernehmen, die das Gelbe Trikot zu verteidigen hat. Aber dann entstand eine Spitzengruppe, in der Jens Heppner aus unserer Mannschaft vertreten war. Ein Glück für uns, denn nun mußten andere Teams versuchen, die Ausreißer wieder einzufangen. Das gelang

14. JULI: 3. ETAPPE ROSCOFF−LORIENT, 169 KM

40

nicht, weshalb Erik wieder sein Gelbes Trikot verlor. Das ist schade, aber kein Drama. Eriks Farbe ist sowieso Grün.

Abends lag ich dann auf der Massagebank bei »Eule« und sah im Fernsehen den Spurt in Lorient zwischen »Heppe« und dem Franzosen Jan. Mir

Team Telekom forciert das Tempo auf der 3. Etappe.

stockte der Atem. Denn Jens verließ auf der Zielgeraden ein wenig seine Fahrlinie. Dafür mußte er vor einem Jahr in Dijon nach einem Gerangel mit dem Niederländer Voskamp Tribut zahlen. Diesmal ging alles gut. »Heppes« erster Etappensieg bei der Tour.

Für Jens Heppner freut mich dieser Sieg besonders. Nicht nur, weil er seit 1995 bei vielen, vielen Rundfahrten mein Zimmerkumpel war und wir auch im letzten Jahr die Tour nach der Tour mit vielen Kriterien und Terminen gemeinsam bestritten haben. Nicht nur, weil er auch bei dieser Tour als mein spezieller Adjutant eingeteilt ist. Jens Heppner gehört zu den Fahrern, die immer anderen dienen müssen. Mal helfen sie, Ausreißer einzufangen, dann bereiten sie das Finale für die Sprinter vor, dann wieder sollen sie uns Kapitänen in den Bergen nicht von der Seite weichen. Auf eigene Rechnung dürfen sie selten fahren. Heute hatte Jens Glück. Daß er das Gelbe Trikot nur um vier Sekunden verpaßte, interessierte kaum jemanden. Wir haben abends zusammengesessen und eine gute Flasche Wein auf den Etappensieg getrunken.

Und vor dem Einschlafen tippte mein Zimmerkollege Heppner wie an jedem Abend unsere Prämien in seinen Laptop. Diesmal hatte er selbst kräftig in den Team-Topf eingezahlt.

Wenige Sekunden vor Beginn der längsten Touretappe.

Telegramm: Die längste Etappe der Tour – Zeitverzögerung wegen Regen und Wind – Der Niederländer Jeroen Blijlevens gewinnt im Spurt – Erik Zabel ohne Chance – Das Gelbe Trikot erobert der Australier Stuart O'Grady – Die Doping-Affäre um Festina spitzt sich zu – Richard Virenque bittet um Fairneß.

Das war ein langer Arbeitstag – sechseinhalb Stunden im Radsattel bei der längsten Etappe dieser Tour de France. Da ist die Verpflegung besonders wichtig. Zum Frühstück gibt es bei mir meistens ein Müsli mit Banane und frischer Milch. Ein riesiger Teller, manchmal mit Nachschlag. Dazu kommen ein bißchen Brot und Obst.

Während der Etappe stehen dann kleine Kuchen und Energieriegel auf dem Speiseplan. Ich trinke ganz normales Wasser, selten Cola und in regelmäßigen Abständen Energiedrinks, die den Elektrolythaushalt in meinem Körper in Ordnung bringen sollen. Wieviel man unterwegs ißt, hängt vom Tempo im Rennen ab, von der Hitze und dem eigenen Hungergefühl. Man muß mit dem Essen immer einen Schritt schneller sein als der Hunger. Wenn man ihn erst einmal spürt, macht sich ein furchtbares Gefühl breit.

Ich habe mir seit langem angewöhnt, mein ganzes Essen schon morgens mitzunehmen,

15. JULI:
4. ETAPPE
PLOUAY–CHOLET,
252 KM

obwohl unsere Betreuer nach der Hälfte der Strecke an einer Verpflegungsstelle warten. Sollte gerade dort von anderen Teams angegriffen oder schnell gefahren werden, kann ich ohne Probleme reagieren. Eine Vorsichtsmaßnahme, die uns Trainer Peter Becker schon in den Jugendjahren ans Herz gelegt hat. 1996 habe ich bei einer solchen Verpflegungsstelle schlechte Erfahrungen gemacht, als mir ein Beutel eines anderen Fahrers ins Vorderrad flog und ich ziemlich schwer stürzte. Das war mein einziger Sturz von damals bis heute. Gott sei Dank.

Wenn wir dann abends nach der Etappe ins Hotel zurückkehren, steht für den ersten Appetit ein Müsli mit vielen Kohlenhydraten und Eiweiß bereit. Abends sitzen dann alle Rennfahrer einer Mannschaft an einem langen Tisch wie in einer Großfamilie. Später kommen auch die sportlichen Leiter und – wenn sie ihre Arbeit erledigt haben – die Mechaniker des Teams dazu. Dann gibt es die berühmten Rennfahrer-Nudeln, aber auch Salat, Brot und Fleisch. Heute hat mir der Fisch besonders gut geschmeckt. Dazu trinken wir Mineralwasser, selten einen guten Wein – und nach Etappensiegen spendiert unser Chef Walter Godefroot Champagner. Heute abend blieb es leider beim Wasser, weil Erik Zabel den Spurt des Feldes nicht gewinnen konnte.

Reißaus nimmt eine Kuh beim Anblick des vorbeirasenden Pelotons.

In der ersten Reihe: Eine Braut in Weiß jubelt den Fahrern zu.

EXTRA:
MEIN TEAM

Bjarne Riis: der Kapitän

Geboren: 3. April 1964 in Herning (Dänemark).

Profi seit 1986, 9. Tour-Start:

»Ich will 1998 die Tour de France noch einmal gewinnen«, kündigte Bjarne Riis seine Ambitionen an. 1995 kam er zum Team Deutsche Telekom. 1996 gewann er die Tour de France. 1997 scheiterte er, stellte sich aber als selbstloser Helfer in den Dienst des jüngeren Jan Ullrich. Später stellte man eine infektiöse Krankheit fest.

Auch diese Saison begann mit Problemen. Am 31. Januar brach er sich bei einem Sturz in Aarhus den Handwurzelknochen. Erst spät kam er in Form. Zur Tour will er in Topform sein.

Rolf Aldag: der Tempomacher

Geboren: 25. August 1968 in Beckum.

Profi seit 1991, 7. Tour-Start:

Am 3. Januar prallte Rolf Aldag beim Training mit seinem Fahrrad frontal auf ein Auto. Der rechte Oberschenkel war gebrochen, das linke Schlüsselbein auch. In die Hüfte mußte eine zehn Zentimeter lange Schraube eingesetzt werden. Zehn Tage später begann Aldag wieder mit dem Training.

Der Hobby-Eishockeyspieler ist ein idealer Mannschaftsfahrer: tempohart, uneigennützig bis zur Selbstaufgabe. Bei der Tour schuftet Rolf Aldag nur für andere. Seinen Traum will er sich woanders erfüllen: mit einem Sieg beim Kopfsteinpflaster-Klassiker Paris–Roubaix.

Udo Bölts: der Antreiber
Geboren: 10. August 1966 in Rodalben.
Profi seit 1989, 7. Tour-Start:
Udo Bölts gelang im vergangenen Jahr der Spruch des Jahres: »Quäl dich, du Sau!« ist inzwischen in den Sprachgebrauch jedes Hobbyradlers eingegangen. Der Ausspruch ist sein Programm. Udo Bölts kennt nur 100 Prozent, im Training und im Rennen. Während andere sich Gedanken über Stickstoffgasgemische in Fahrradreifen und aerodynamische Lenkerformen machen, schwört der Pfälzer auf seine konservativen Methoden. Wer viel trainiert, kann viel leisten. So gewann Bölts schon 1992 die Königsetappe des Giro d'Italia nach Pila, wurde Dritter bei der Tour-Etappe 1994 nach Alpe d'Huez und gewann das Weltcup-Rennen 1996 in San Sebastian.

Francesco Frattini: der Wasserträger
Geboren: 18. Januar 1967 in Varese.
Profi seit 1993, 5. Tour-Start:
Francesco Frattini hat das Team schon öfter sehr geärgert. 1994 gewann er das deutsche Prestige-Rennen »Rund um den Henninger Turm« vor Jens Heppner. Team Telekom hat aber auch Frattini schon sehr geärgert. Er war nicht für die Tour 98 nominiert. Vor Wut fuhr er immer schneller bei der Tour de Suisse und der Route du Sud. Tour-Sieger Jan Ullrich persönlich setzte sich für den fußballverrückten Italiener ein.

In letzter Minute wurde er für seinen Landsmann Giovanni Lombardi ins Team genommen.

Christian Henn: die Zentrale

Geboren: 11. März 1964 in Heidelberg.
Profi seit 1989, 5. Tour-Start:
Rennübersicht und Routine machen den 34jährigen Christian Henn unverzichtbar in einem funktionierenden Team. Er ist die Schaltzentrale für die taktischen Anweisungen von Walter Godefroot aus dem Begleitfahrzeug. Ein Telefon, das an seinem linken Oberarm angebracht ist, sorgt für ständige Erreichbarkeit im Rennen. Er setzt die Wünsche seiner Kapitäne in energische Aktionen der Helfer um. 1996 war er einem Etappensieg bei der Tour de France sehr nah, verlor aber hauchdünn gegen Bart Voskamp.

Jens Heppner: der Alleskönner

Geboren: 23. Dezember 1964 in Gera.
Profi seit 1991, 7. Tour-Start:
Jens Heppner ist ein radfahrender Geschäftsmann. In Aachen und Jena tragen zwei gut funktionierende Käse-Fachgeschäfte seinen Namen. Besser kennt er sich nur noch im Radsport aus. Der letzte Straßenmeister der DDR ist ein geschätzter Teamarbeiter. Tempohart in der Ebene, ausdauernd in den Bergen, schnell im Finale – einen Heppner kann man immer gut gebrauchen. Nur bei der Tour hat er Pech: 1992 fuhr er auf dem Weg nach Karlsruhe knapp am Gelben Trikot vorbei. 1997 drängelte er in Dijon Schulter an Schulter mit Bart Voskamp – beiden wurden Sieg und Platz aberkannt.

In Reih und Glied sind die Fahrer des Teams Telekom aufgereiht –
ganz links Erik Zabel bis ganz rechts Jan Ullrich.

Georg Totschnig: der Kletterer

Geboren: 25. Mai 1971 in Kaltenbach.

Profi seit 1994, 3. Tour-Start:

Im Hochgebirge über 2000 Metern gehört Georg Totschnig zu
den besten fünf Kletterern der Welt. Nach einem neunten
Platz beim Giro d'Italia 1995 und Rang sechs bei der Spanien-Rundfahrt 1996 hätte er in anderen Teams selbst Kapitän
werden können. Aber der österreichische Staatsmeister ent-
schied sich für das Bonner Telekom-Team und wurde zum
wichtigen Adjutanten der Tour-Sieger Riis und Ullrich. Im
Juni 1998 trennten ihn nur acht Sekunden vom eigenen Rund-
fahrt-Sieg in Katalonien. Über einen ganz anderen Erfolg
kann er sich trotzdem freuen: Im Juni wurde er erstmals Vater.

Die Siege des Teams Deutsche Telekom 1998

1.	1. Etappe Mallorca-Rundfahrt	Erik Zabel
2.	1. Etappe Valencia-Rundfahrt	Erik Zabel
3.	2. Etappe Tirreno-Adriatico	Erik Zabel
4.	6. Etappe Tirreno-Adriatico	Giovanni Lombardi
5.	7. Etappe Tirreno-Adriatico	Erik Zabel
6.	8. Etappe Tirreno-Adriatico	Erik Zabel
7.	Mailand–San Remo	Erik Zabel
8.	4. Etappe Aragon-Rundfahrt	Erik Zabel
9.	5. Etappe Aragon-Rundfahrt	Erik Zabel
10.	6. Etappe Friedensfahrt	Bert Dietz
11.	Grand Prix Wallonien	Udo Bölts
12.	Middenseeland-Rundfahrt	Erik Zabel
13.	Kriterium in Buchholz	Erik Zabel
14.	Rund um den Flughafen Köln-Bonn	Steffen Wesemann
15.	Midbank-Race	Bjarne Riis
16.	5. Etappe Bicicletta Vasca	Bjarne Riis
17.	Kriterium in Ebeltoft	Giovanni Lombardi
18.	4. Etappe Kastilien-Rundfahrt	Steffen Wesemann
19.	Prolog Bayern-Rundfahrt	Steffen Wesemann
20.	1. Etappe Bayern-Rundfahrt	Erik Zabel
21.	3. Etappe Bayern-Rundfahrt	Dirk Müller
22.	4. Etappe Bayern-Rundfahrt	Erik Zabel
23.	4. Etappe Luxemburg-Rundfahrt	Erik Zabel
24.	5. Etappe Route du Sud	Erik Zabel
25.	Freiburger Nacht	Dirk Baldiger
26.	Deutsche Meisterschaft Rheinfelden	Erik Zabel

Erik Zabel: der Sprinter

Geboren: 7. Juli 1970 in Berlin.

Profi seit 1992, 5. Tour-Start:

Vater Detlef Zabel gehörte in den fünfziger Jahren zu den treuesten Helfern von Gustav-Adolf »Täve« Schur. Sohn Erik gehört derzeit zu den schnellsten Sprintern der Welt. 1997 gelangen ihm 27 Siege – kein Rennfahrer schaffte mehr. Zweimal das grüne Sprintertrikot bei der Tour, sieben Etappensiege beim schwersten Radrennen der Welt – sein Lieblingsrennen ist trotzdem ein anderes: Mailand–San Remo jährlich im März. 1997 und 1998 hieß der Sieger Erik Zabel.

Noch ein Lächeln für die Fans.

Telegramm: Mario Cipollini gewinnt im Spurt – Erik Zabel wird Zweiter, übernimmt aber das Grüne Trikot des besten Sprinters – Nach einem Sturz scheidet Olympiasieger Silvio Martinello aus Italien aus – Festina-Chef Roussel muß zum Verhör und wird in Polizeigewahrsam genommen.

Schwere Tage für Erik Zabel! Es gelingt ihm einfach kein Etappensieg. Dabei ist »Ete« garantiert wieder so schnell wie in den letzten Jahren. Aber die Konkurrenz hat nicht geschlafen. Die Mapei-Mannschaft hat mit Tom Steels und Jan Svorada gleich zwei Top-Sprinter mitgebracht. Die Holländer von TVM unterstützen Jeroen Blijlevens. Beim Saeco-Team ist mit Leonardo Piepoli nur ein Bergfahrer dabei, der Rest sind ausschließlich Helfer für Cipollini. »Super-Mario« ist nicht nur einer der verrücktesten Typen im Feld, sondern leider auch einer der schnellsten. Das bekamen wir heute in Châteauroux auf den letzten Kilometern zu spüren.

Die Cipollini-Helfer ließen nicht einmal Bjarne Riis oder mich in die Reihe, als wir für Erik den Spurt vorbereiten wollten. Die zogen knallhart ihre Linie durch. Deshalb war unser schnellster Mann am Ende wieder auf sich allein gestellt.

16. JULI: 5. ETAPPE CHOLET– CHÂTEAUROUX, 228,5 KM

Es gelingt unserem Team einfach nicht, wie noch im letzten Jahr, einen Spurt perfekt durchzuziehen. Dabei sind die Aufgaben klar verteilt. Erst sollen Heppner, Bölts und Totschnig anfahren. Dann beschleunigen Bjarne und ich ab 1000 Metern, zum Schluß soll Rolf Aldag bei Erik bleiben. Allerdings haben sich die anderen Mannschaften jetzt besser auf uns eingestellt, sie zerstören von Anfang an unsere Taktik. Es klappt einfach nicht mehr, daß wir wie im Vorjahr mit neun Leuten von vorne anfahren und »Ete« erst auf den letzten 200 Metern beschleunigen muß. Natürlich fehlt ihm gerade da sein wichtigster Helfer Giovanni Lombardi. Bevor der Sprinter Lombardi gegen den besseren Bergfahrer Francesco Frattini ausgetauscht wurde, habe ich mit Bjarne Riis und anderen Fahrern aus unserem Team gesprochen. Natürlich auch mit Erik Zabel, den es am meisten betraf. Die Frage konnte nur lauten: Haben wir wirklich die besten der 18 Fahrer für die Tour ausgewählt, die eventuell wieder das Gelbe Trikot verteidigen müssen? Wir durften uns nicht verzetteln zwischen Gesamt- und Sprinterwertung. Und der Sieg bei der Tour de France ist nun einmal das Höchste im Radsport. Erik hat das voll verstanden. Mir hat sehr imponiert, wie er die Entscheidung akzeptierte. Obwohl ihm klar war, daß seine Chancen in den Massensprints dadurch nicht gestiegen sind. Ich wünsche mir sehr, daß Erik Zabel noch zu seinem Etappensieg kommt.

Vorbei an blühenden Sonnenblumen führte die 5. Etappe nach Châteauroux.

Letzte Inspektion,
bevor es losgeht!

Telegramm: Wieder siegt Mario Cipollini im Spurt – Erik Zabel wird Fünfter, bleibt aber im Grünen Trikot – Stuart O'Grady verteidigt die Gesamtführung – In der Nacht wird das Festina-Team um Richard Virenque von der Tour ausgeschlossen.

Zuerst brachte der Tag eine angenehme Überraschung: Diese Etappe war einfacher, als ich erwartet hatte. Im Tour-Buch sah das Streckenprofil ziemlich anspruchsvoll aus. Ich hatte einen härteren Nachmittag befürchtet. Vor dem schweren Zeitfahren kam es mir aber ganz gelegen, Kräfte zu sparen. Im Spurt konnte Erik Zabel leider wieder nichts gegen Cipollini ausrichten. Wir hoffen nun mit »Ete«, daß er sein Niveau halten kann, während die anderen Sprinter mit zunehmender Distanz nachlassen.

Alle sportlichen Schlagzeilen werden heute allerdings überschattet von der Affäre um die Festina-Mannschaft. Bisher habe ich gar nicht soviel davon mitbekommen. Ich lese keine Zeitungen, verstehe leider immer noch wenig französisches Fernsehen. Und auf Gerüchte gebe ich sowieso nichts. Damit habe ich schon meine eigenen Erfahrungen machen müs-

17. JULI: 6. ETAPPE LA CHÂTRE– BRIVE-LA-GAILLARDE, 204,5 KM

*sen. Im Herbst vergangenen Jahres
hatte Olympiasieger Pascal Richard
aus der Schweiz Bjarne Riis und
mich des Dopings beschuldigt. Er
erzählte etwas von positiven Proben,
die nicht weitergereicht worden
wären. Absoluter Quatsch! Richard
mußte sich bei Bjarne und mir ent-
schuldigen. Sogar der Präsident des
Radsport-Weltverbandes Verbruggen
hatte sich eingeschaltet. Aber erst
einmal waren die Zeitungen voll mit
dieser »Super-Story«. Mit mir selbst
hat keiner geredet, weil ich gerade
im Urlaub in der Türkei war.*

Mario Cipollini, die italienische Eintagsfliege. Beim Anblick der Pyrenäen gab er auf.

*Und nun passiert dieser Festina-Skandal. Der sportliche
Leiter Bruno Roussel ist heute verhaftet worden, der Teamarzt Dr. Ryckaert auch. Und am späten Abend erfahre ich
von unserem Pressesprecher Mathias Schumann: Festina ist
raus. Die ganze Mannschaft mit allen Favoriten: Richard
Virenque, Alex Zülle, Laurent Dufaux – sie sind alle nicht
mehr dabei. Ich verspüre keine Erleichterung oder gar einen
Triumph. Das ist eine Katastrophe für den ganzen Radsport!
Es wird wieder die üblichen Verallgemeinerungen geben,
daß alle Radprofis mit Doping zu tun hätten, daß dies nur
die Spitze vom Eisberg sei usw.
Auf jeden Fall kann ich versprechen: Ich bin sauber! Und
für meine Kollegen im Team Deutsche Telekom gilt das auch.
Wenn ich auf verbotene medizinische Hilfsmittel zurückgrei-
fen müßte, um meine Leistung zu bringen, würde ich meine
Karriere sofort beenden.*

Jeder muß mal: Bjarne Riis mit Hilfestellung.

Laurent Jalabert – »der Weltmeister«

In Mazamet, wo Laurent Jalabert als Sohn eines Weinbauern im November 1968 geboren wurde, ist er schon jetzt ein Volksheld. Der Marktplatz der französischen Kleinstadt wurde nach ihm benannt. Jalabert ist der fleißigste Radprofi der Gegenwart. Während sich Fahrer wie Jan Ullrich auf einen Höhepunkt in der Saison konzentrieren, staunt die Konkurrenz von Februar bis Oktober über die Langzeitform des Franzosen. Den furchtbarsten Augenblick seiner Karriere erlebte Jalabert am Ende der 1. Etappe der

Ullrich über Jalabert:
»Der Kurs von Corrèze mit vielen Kurven und Steigungen ist wie maßgeschneidert für ihn. Mein Favorit für das erste Zeitfahren.«

Tour de France 1994 in Armentières. Nachdem ein Polizist zum Fotografieren die Straße betrat, kam es zum brutalen Sturz. Laurent Jalabert mußte vier Stunden lang im Gesicht operiert werden. Ein Jahr später kam er wieder, führt seit drei Jahren die Weltrangliste an und wurde 1997 in San Sebastian Weltmeister im Zeitfahren.

Abraham Olano – »der Thronfolger«

Abraham Olano ist ein schweigsamer Typ. Ein Baske eben. Als er im Oktober 1995 in Duitama/Kolumbien Weltmeister

EXTRA:
MEINE GEGNER
IM ZEITFAHREN

wurde, verabschiedet er sich um 22.00 Uhr von der Meisterfeier mit seinen Freunden und ging schlafen. Er liebt die stillen Triumphe. Olano wird in Spanien als Nachfolger von Miguel Indurain betrachtet, der als erster Radfahrer die Tour de France fünfmal hintereinander gewann. Olanos physische Voraussetzungen wie Herzvolumen und Hebelverhältnisse, selbst sein Aussehen erinnern an den

berühmten Vorgänger. Dessen Erfolge erreichte er noch nicht. Vor einem Jahr gewann Abraham Olano am vorletzten Tour-Tag das Zeitfahren in Paris-Disneyland mit 45 Sekunden vor Jan Ullrich. Insgesamt enttäuschte er seine Fans. Allerdings war er krank, ließ sich gleich nach der Tour an den Mandeln operieren. Nun ist er bereit, Indurains Erbe anzutreten.

Bobby Julich – »der Geheimtip«

Sein Debüt bei der Tour beendete der Mann aus den Bergen Colorados mit einem sensationellen 17. Platz. Die beste Leistung eines US-Amerikaners, seitdem Andrew Hampsten 1993 Achter wurde. Aber Julich hat höhere Ziele: »Nur der Himmel kann meine Grenze sein,« sagt er selbstbewußt.

Bobby Julich hat schon schlechte Zeiten erlebt. 1993 machte sein Team mitten in der Saison Pleite. Julich blieb auf eigene Kosten in Europa, fuhr mit dem Zug von Rennen zu Rennen. Mitunter fehlte das Geld für ein Hotel. Inzwischen ist er radfahrender Millionär.

Noch bevor er vor einem Jahr die Tour beendet hatte, standen die Manager der besten Teams der Welt bei ihm Schlange. Auch Walter Godefroot bot ihm einen Vertrag im Team Deutsche Telekom an. Julich ging nach Frankreich und dürfte der Fahrer mit den besten Außenseiter-Chancen sein.

Die Zeitfahr-Gewinner der Saison 1998 vor der Tour de France

Murcia-Rundfahrt (19 km):	Alberto Elli (Italien)
Katalanische Woche (12 km):	Alex Zülle (Schweiz)
Drei Tage von Panne (14 km):	Robert Millar (Großbritannien)
Baskenland-Rundfahrt (25 km):	Laurent Jalabert (Frankreich)
Vier Tage von Dünkirchen (24 km):	Sergej Gonchar (Ukraine)
Midi Libre (24 km):	Melchior Mauri (Spanien)
Tour de Romandie (17,5 km):	Alex Zülle (Schweiz)
Giro d'Italia (40 km):	Alex Zülle (Schweiz)
Giro d'Italia (34 km):	Sergej Gonchar (Ukraine)
Bicicletta Vasca (15 km):	Abraham Olano (Spanien)
Dauphine Libère (41 km):	Chris Boardman (Großbritannien)
Castilla - León (16 km):	Uwe Peschel (Deutschland)
Tour de Suisse (29 km):	Laurent Jalabert (Frankreich)
Katalonien-Rundfahrt (18 km):	Chris Boardman (Großbritannien)

Der Kampf gegen die Zeit.

Telegramm: Jan Ullrich gewinnt im Zeitfahren mit 1:10 Minuten Vorsprung – Die Überraschungen: Tyler Hamilton als Zweiter und Bobby Julich als Dritter – Bjarne Riis wird 22. und verliert 3:44 Minuten – Ullrich fährt jetzt in Gelb – Zabel in Grün – Festina-Team nicht mehr dabei.

Es war wie ein Wiedersehen mit einem alten Bekannten: Ich stand auf dem Podium, sie spielten Musik vom letzten Jahr, und dann hatte ich es wieder: das Gelbe Trikot. Ehrlich gesagt: Ich habe nicht damit gerechnet, daß ich schon nach dem Zeitfahren in Führung gehen würde. Meine Favoriten waren der Franzose Laurent Jalabert und der Spanier Abraham Olano. Diese Berg-und-Tal-Fahrt nach Corrèze war mit ihren vielen Kurven und kleinen Steigungen wie maßgeschneidert für sie. Um so schöner, daß ich trotzdem gewinnen konnte.
Der Tag verging wie im Fluge. Ich hatte ruhig und gut geschlafen, leider nur bis 7.30 Uhr. Nach dem Frühstück fuhren Bjarne Riis, mein sportlicher Leiter Rudy Pevenage und ich zur Strecke. Ich kannte sie bisher nicht, hatte nur ein

18. Juli: 7. ETAPPE MEYRIGNAC L'ÉGLISE –CORRÈZE, 58 KM

Video gesehen, das die ARD extra für uns gedreht hatte. Den Kurs wollte ich aber unbedingt selbst noch einmal besichtigen, auch als Test für meine Zeitfahr-Maschinen. Es standen drei zur Auswahl: mein Pinarello-Zeitfahrrad vom letzten Jahr, zweitens eine neue Maschine, mit der Bjarne Riis und Erik Zabel schon beim Prolog fuhren, und eine dritte, die es nur für mich gibt. Sie ist jenem Rad nachempfunden, mit dem ich 1994 bei der Weltmeisterschaft im Zeitfahren auf Sizilien Dritter wurde. Da war ich gerade 20 Jahre alt. Auf diesem Rad fühlte ich mich damals sehr wohl. Es ist wunderbar leicht, stabil, und schön sieht es auch aus. Die Techniker von Pinarello haben es mit Hilfe von Harald Schaale vom Berliner Forschungsinstitut FES mit modernstem Material nachgebaut.

Nach dem kurzen Training zogen wir uns zur Mittagsruhe in ein Hotelzimmer zurück, das wir ganz in der Nähe angemietet hatten. Komischerweise war ich vor dem Rennen nicht besonders aufgeregt, obwohl es um so viel ging. Wer heute viel Zeit verliert, kann den Tour-Sieg abhaken. Ich war immer informiert über meine Zwischenzeiten und freute mich, daß alles nach Plan lief. Im Ziel überschlugen sich die Ereignisse: Offizielle zerrten mich zur Siegerehrung. Reporter schlugen sich um die ersten Interviews. Im Bus auf der Rückfahrt ins Hotel zum ersten Mal Ruhe. Mein erster Anruf mit dem Handy ging nach Merdingen zu Gaby. Sie war natürlich sehr froh und erzählte, daß in unserem kleinen Dorf die Stimmung schon wieder euphorisch sei – hoffentlich nicht zu früh. Denn der Weg bis nach Paris ist noch weit, die Tour dauert noch mehr als zwei Wochen. Eine Vorentscheidung ist nach dem Zeitfahren noch nicht gefallen, auch wenn ich jetzt wohl gute Karten habe.

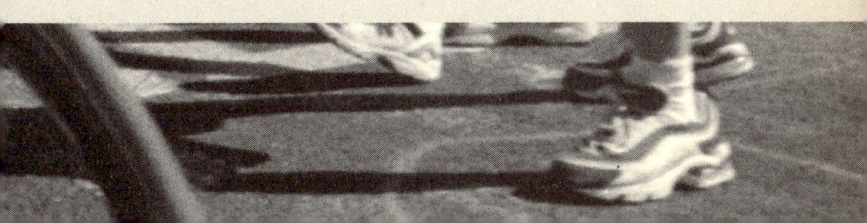

DIE TOUR IN DEN PYRENÄEN

Verpflegung aufnehmen bei voller Fahrt.

Telegramm: 40 Grad im Schatten − Das Team Deutsche Telekom fährt nicht mit letztem Einsatz − Eine Spitzengruppe erreicht das Ziel − Die Führung übernimmt der Franzose Laurent Desbiens − Jan Ullrich ist jetzt Fünfter − Etappensieger wird der Franzose Jacky Durand.

Das war die bisher schwerste Etappe. Keine Wolke am Himmel. 40 Grad auf der Straße. Die Hitze war unerträglich. Nach den kühlen Tagen in der ersten Tour-Woche war der Hitzeschock besonders groß. Jeder suchte Erfrischung. Manche Fahrer lassen sich aus den Teamautos wassergetränkte Mützen reichen und setzen sie auf. Oder man sucht am Straßenrand aufmerksam nach Zuschauern, die mit einem Gartenschlauch oder Wassereimern die Hitze erträglich machen. Andere Fahrer nutzen neben den Getränken zusätzliche Wasserflaschen für eine kleine kühle Dusche. Daher kommt also der Name »Wasserträger«.

Das Trinken bleibt bei diesen Temperaturen natürlich das Wichtigste. Und wenn der Durst auch noch so quälend ist, man darf immer nur in kleinen Portionen trinken, Schluck für Schluck. Am Ende einer derart heißen Etappe kommt schließlich

19. JULI: 8. ETAPPE BRIVE-LA-GAILLARDE– MONTAUBAN, 190,5 KM

eine Menge von sieben bis neun
Litern zusammen. Die Helfer kümmern sich um den ständigen Nach-
schub mit Trinkflaschen. Jens Heppner kam immer wieder zu mir, um
sich zu erkundigen, ob ich neue
Bidons brauche. Bidons nennt man
diese roten Flaschen, die am Fahr-
radrahmen befestigt werden. Manche Leute vermuten, daß sich wahre
Zaubertränke in unseren Trinkflaschen verbergen. Sie würden ent-

Ein kurzer Wink:
Verpflegung anfordern.

täuscht sein. Es ist meistens ganz normales stilles Mineralwasser, manchmal Cola wegen der Kohlenhydrate. Dazu
trinken wir allerdings Energiedrinks mit viel Zucker und
Mineralien. Das richtig dosierte Trinken ist eine kleine Wis-
senschaft für sich. Jeder Rennfahrer, der einmal »verdurstet«
ist, kann ein Lied davon singen.

Mein Gelbes Trikot habe ich bei dieser Hitze gleich wieder
verloren. Eine Spitzengruppe erreichte mit sieben Minuten
Vorsprung das Ziel in Montauban. Es mag manche wundern,
aber ich habe mich darüber gefreut. Unsere Mannschaft
hätte bei den hohen Temperaturen sehr viel arbeiten müssen.
Später fehlen uns die Kräfte dann in den Bergen, die ab
übermorgen auf uns warten. Die Mannschaften von Pantani,
Olano oder Julich würden sich kaputtlachen, wenn wir uns
jetzt schon verausgabt hätten. So hat uns Walter Godefroot
ständig über den Vorsprung der Ausreißergruppe informiert.
Bis zu 15 Minuten hatten wir sie weggelassen. Jetzt ist das
Gelbe Trikot erst einmal weg, aber ich werde es mir wieder
holen.

Balance halten beim Trinken.

Telegramm: Wieder große Hitze – Jens Voigt erobert als erster Deutscher das Bergtrikot – Den Zielsprint verliert er knapp gegen den Niederländer Leon van Bon – 12 Sekunden dahinter gewinnt Erik Zabel den Spurt des Feldes – In Gelb bleibt Laurent Desbiens.

Die Radsportfans bei uns zu Hause können wirklich zufrieden sein. Fast jeden Tag gibt es außergewöhnliche Leistungen von deutschen Rennfahrern bei dieser Tour de France. Vor allem überraschen auch Fahrer, von denen es nicht unbedingt zu erwarten war. Erst gewann Jens Heppner aus unserem Team die Etappe nach Lorient, dann wurde Jörg Jaksche von der italienischen Polti-Mannschaft als jüngster Profi im ganzen Feld von Tag zu Tag stärker, und nun war Jens Voigt dran.

Es hat mich nicht überrascht, daß »Vogte« bei seiner ersten Tour so toll auftrumpft. Ich wußte immer, was er drauf hat. Ich kenne ihn seit vielen Jahren. Jens Voigt ist Mecklenburger wie ich. Er stammt aus dem kleinen Dorf Dessow an der Ostsee, das früher direkt an der deutsch-deutschen Grenze lag. Getroffen habe ich ihn erstmals in Berlin. Ich fuhr

20. JULI:
9. ETAPPE
MONTAUBAN–PAU, 210 KM

Ein kräftiges Frühstück vor der schweren Bergetappe

Immer wieder Gelb: Bei
der Siegerehrung ist die
Qual des Tages schnell
vergessen

Dieter Ruthenberg,
kurz »Eule«, wäscht
schmutzige Wäsche

Radtour am Ruhetag: Nur den Tritt nicht verlieren!

Aus dem Tritt:
Fahrerstreik vor der 12. Etappe

US-Rivale Bobby Julich blickt auf die Nummer Eins

Immer im Bild: Jan Ullrich spiegelt sich in Jens Heppners Brille

Im Rückspiegel
braust das Feld
heran

Auf dem
Weg nach oben

Im Schatten des Champions: Der Deutsche Jörg Jaksche vom Team Polti

Was in den Beinen steckt: Auf den Bergetappen gilt's!

*für den SC Dynamo, er gemein-
sam mit Erik Zabel für den anderen Berliner Klub, TSC. Wir
waren Konkurrenten. Später
trainierten wir zusammen in
der Nationalmannschaft. 1994
war Jens mein Nachfolger als
Weltcup-Sieger der Amateure.
Um so schöner für ihn, daß es
jetzt in seinem französischen*

Ein Ullrich ist selten allein.

*Gan-Team so gut klappt. Keine
Frage: Einer wie Jens Voigt würde gut ins Team Deutsche
Telekom passen. Aber das haben andere zu entscheiden.
An der Strecke erleben wir in diesen Tagen mitunter auch
unverständliche Dinge. Die ausländischen Fahrer werden
teilweise vom französischen Publikum ausgebuht. Die Fans
wollen den Ausschluß der Festina-Mannschaft nicht akzep-
tieren und geben uns vom Team Telekom zum Teil die
Schuld. Deshalb trat unsere gesamte Mannschaft heute im
»Vélo-Club« des französischen Fernsehens auf. Vor allem
Bjarne Riis hat dort in unserem Namen deutlich seine Meinung gesagt. Ich finde es ja toll, wenn die Fans ihre Lieblin-
ge nicht fallenlassen. Aber eine Mannschaft zu vergöttern,
die wegen einer Dopingaffäre von der Tour ausgeschlossen
wurde, finde ich nicht richtig. Ich möchte mir gar nicht vorstellen, was in Deutschland los wäre, wenn ich ein Doping-
sünder wäre. Nicht auszudenken! Insgesamt muß man allerdings feststellen, daß es nur eine kleine Minderheit ist, die
sich uns gegenüber feindselig äußert. 99 Prozent der Zuschauer in Frankreich wollen die Tour de France nach wie
vor als großes Fest des Radsports feiern.*

Marco Pantani – »der kletternde Italiener«

Marco Pantani hat viele Talente. Er kann malen und verschenkt die Bilder an seine besten Freunde. Auch als Sänger hat er Talent. Er veranstaltete im Winter eine Tournee durch Italien mit dem populären Rocksänger Jiovanotti. Alle Konzerte waren ausverkauft. Die Erlöse gingen an die Erdbebenopfer in Umbrien. Heimlich träumt er von der Teilnahme am Liederfestival von San Remo. Am besten aber kann Marco Pantani klettern. Alle seine großen Siege hat er im Gebirge errungen. Er ist der letzte große »scalattore«, ein echter Kletterer, der seine Gegner durch ständige Attacken ermüdet.

Ullrich über Pantani:
»Er ist der Herr der Berge. Seinen plötzlichen Angriffen kann man kaum folgen. Ein echter Kletterer.«

EXTRA:
DIE GEGNER IN DEN BERGEN

Beim Giro d'Italia 1998 erklomm der 56 Kilogramm leichte Pantani den vorläufigen Gipfel seiner Karriere. Erst zermürbte er den Favoriten Alex Zülle und nahm ihm am Croce Domini 30 Minuten ab. Dann verlor er beim Angriff nach Montecampione seinen Diamanten aus der Nase, darüber hinaus aber auch den Russen Pawel Tonkow als letzten Konkurrenten. Sein Sieg beim Giro versetzte ganz Italien in einen Freu-

Toursieger 1998: Marco Pantani.

dentaumel. Bei der Tour de France will Marco Pantani, dessen Karriere schon mehrmals nach schweren Stürzen beendet schien, weitere Berg-Feste folgen lassen.

Luc Leblanc – »der letzte Franzose«

Im Gegensatz zum Volkshelden Pantani gilt der Franzose Luc Leblanc als unberechenbarer, introvertierter Eigenbrötler. Er lebt mit seiner Frau, einer blonden Spanierin, zurückgezogen in der Provence. Als Kind erlebte er den Tod seines Bruders Gilles bei einem Autounfall mit. Seitdem gilt Leblanc als psychisch labil.

Seinen größten sportlichen Erfolg feierte er 1994 in der Gluthitze von Sizilien, als er vor Chiapucci und Virenque Weltmeister wurde. Das Regenbogentrikot brachte ihm kein Glück: Sein neues Team »Le Groupement« machte pleite, er wechselte mehrmals die Mannschaften, stürzte immer wieder, zuletzt prallte er beim Giro d'Italia 1997 gegen eine Mauer. Seine beiden Etappensiege bei der Tour de France erkletterte er jeweils im Hochgebirge, gewann 1996 in Les Arcs und 1994 in Lourde-Hautacam. Dieses Jahr blieb er von Stürzen und Verletzungen verschont. Nun sollen weitere Siege folgen.

Fernando Escartin – »der unauffällige Spanier«

Escartin gilt in Spanien als einzig möglicher Nachfolger des legendären Federico Bahamontes. Der »Adler von Toledo« gewann sechsmal das Bergtrikot der Tour. Beim Hinaufklettern konnte ihm niemand folgen, oben angekommen, wartete der schrullige Bahamontes jedoch mit einem Eis in der Hand auf seine Gegner: Er hatte Angst vor der Abfahrt. Das trifft auf Escartin nicht zu. Mit seinem schaukelnden, weit über den Lenker gebeugten Fahrstil hat er sich einen Namen gemacht. 1997 kletterte er als Fünfter der Tour de France und als Zweiter der Spanien-Rundfahrt endgültig in die Weltspitze. Sein Team ist ausschließlich darauf ausgerichtet, daß ihm viele Helfer in den Bergen zur Seite stehen. Gemeinsam mit Olano, Jimenez und Blanco will Fernando Escartin für spanische Überraschungen in den Pyrenäen und Alpen sorgen.

> Ullrich über Escartin:
> *»Im letzten Jahr war er im Gebirge kaum abzuschütteln. Man spürt ihn kaum, er ist einfach da.«*

Die Tour de France und die Berge

1910:	Erstmals in den Pyrenäen: Tourmalet (2115 m), Aubisque (1709 m)
1911:	Erstmals in den Alpen: Galibier (2556 m)
1933:	Die Zeit der Bergwertungen beginnt
1952:	Die ersten Bergankünfte in Alpe d'Huez, Sestrière und Puy de Dôme
1962:	Der höchste Punkt der Tour: Col de la Bonette (2802 m)
1975:	Erstmalige Vergabe des weißen Bergtrikots mit roten Punkten
1998:	Der höchste Punkt der Strecke: Galibier (2645 m)

Der Berg ruft!

Telegramm: Die erste schwere Bergetappe mit vier Pyrenäen-Gipfeln – Viele Stürze auf regennasser Straße – Rudolfo Massi aus Italien gewinnt in Luchon – Kletterkünstler Marco Pantani wird Zweiter – Jan Ullrich folgt dahinter in der ersten Gruppe und erobert das Gelbe Trikot zurück.

Ich bin total kaputt. Ich habe lange und heiß geduscht. Müde und erschöpft falle ich auf die Massagepritsche. Endlich Ruhe für ungefähr 90 Minuten. Im Kopf kreisen die Erinnerungen an einen verrückten Tag.

Nach der Hitze der letzten beiden Etappen erwartete uns heute Regen und Kälte. Auf dem Col d'Aubisque zeigte das Thermometer gerade einmal 10 Grad. Ich zog Ärmlinge und eine Weste über, aber bei der Abfahrt habe ich trotzdem unwahrscheinlich gefroren. Die Straße war durch den Regen so glatt, als hätte man Seifenlauge darüber gekippt. Rechts und links von mir stürzten immer wieder Fahrer. Francesco Casagrande schied als einer der Mitfavoriten mit einer Gehirnerschütterung aus.

Abraham Olano stürzte ebenso wie leider auch Jens Voigt, den gestern alle noch als Träger des Bergtrikots gefeiert hatten. Ich hielt mich bei den gefährlichen Abfahrten zurück, ging kein hundertprozentiges Risiko

21. JULI: 10. ETAPPE PAU–LUCHON, 196,5 KM

70

ein. Nur nicht stürzen,
dachte ich immer wieder.
Mit meinem Material war
ich sehr zufrieden. Die
neuen Reifen von Conti
geben mir wirklich ein
Gefühl der Sicherheit.
Auch die Bremsen funktio-

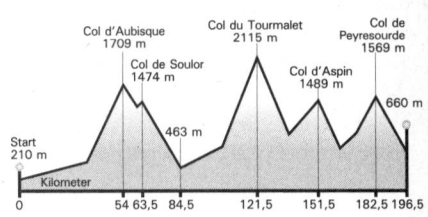

10. Etappe: Pau-Luchon (196,5 Kilometer)
Dienstag, 21. Juli 1998

nierten prima. Es ist für einen Rennfahrer gerade an Tagen
wie heute sehr wichtig, absolutes Vertrauen in sein Material
zu haben.
Vier legendäre Berge standen mit dem Aubisque, Tourmalet,
Aspin und Peyresourde auf dem Programm. Insgesamt 63 Ki-
lometer Anstieg. Ein Traum oder Alptraum für jeden Rad-
sportler. Zehn Fahrer lagen vorne mit einem Vorsprung von
sechs bis sieben Minuten. Keine ungefährliche Situation. Die
anderen Mannschaften schauten natürlich nur auf uns.
Banesto zum Beispiel hat überhaupt nichts gemacht, nur
abgewartet. Wir mußten also wie erwartet viel arbeiten, ein
Kompliment für alle aus meinem Team – auch für Bjarne
Riis. Als am letzten Berg auch noch Fernando Escartin ent-
wischt war, hat er mir bei der Abfahrt sehr geholfen, den
Spanier wieder einzufangen. Marco Pantani haben wir nicht
mehr eingeholt. Er macht einen ganz starken Eindruck. Aber
auch auf Bobby Julich und Luc Leblanc muß ich aufpassen.
In Luchon wohnen wir wieder im Hotel »Corneille«. Hier
haben wir auch im letzten Jahr vor der Etappe nach Andor-
ra-Arcalis geschlafen. Vielleicht ist es ein gutes Zeichen:
Damals begann nach der Übernachtung in Luchon die Jagd
auf das Gelbe Trikot. Dieses Jahr beginnt hier die Verteidi-
gung. Denn jetzt will ich es bis Paris nicht mehr hergeben.

Blick aus der Froschperspektive.

Telegramm: Marco Pantani aus Italien siegt bei der ersten Bergankunft – Jan Ullrich hat vor dem letzten Anstieg Defekt und verliert 1:40 Minuten – Er bleibt weiterhin Träger des Gelben Trikots – Sein Vorsprung auf Bobby Julich noch 1:11 Minuten – Bjarne Riis fällt auf den 15. Platz zurück.

Es fällt mir schwer, zu beschreiben, was heute passiert ist. Die letzten 16 Kilometer gehören zu den schwersten, die ich bisher als Rennfahrer erlebt habe. Unmittelbar vor dem letzten, alles entscheidenden Anstieg nach Plateau de Beille hatte ich Defekt am Hinterrad. Der ungünstigste Moment, den man sich vorstellen kann. Zur ersten Gruppe gehörten zu diesem Zeitpunkt noch über 100 Fahrer. Ich mußte also anhalten, alle fuhren an mir vorbei. Rolf Aldag gab mir sein Rad. Später wartete ich auf unser Teamauto, wechselte das Hinterrad. Inzwischen waren bereits viele Fahrzeuge an mir vorbeigefahren. Einige Helfer aus der Mannschaft warteten auf mich, was aber gar nicht soviel geholfen hat. Ich versuchte, so schnell wie möglich wieder nach vorne zu fahren. Dabei verlor ich alle meine Begleiter. Georg Totschnig versuchte noch mit letztem Einsatz, Tempo für mich zu machen, dann fiel auch er zurück. Im Slalom raste ich erst durch die Autokolonne, dann durch das Hauptfeld. Vorne wurde

22. JULI: 11. ETAPPE LUCHON– PLATEAU DE BEILLE, 170 KM

inzwischen Tempo gemacht.
Das hat mich sehr geär-
gert. Normalerweise ge-
hört es zum Ehrenkodex
der Rennfahrer, daß nicht
attackiert wird, wenn der
Träger des Gelben Trikots
Defekt hat. Ich werde es
mir merken.

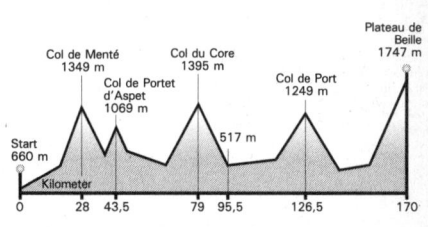

11. Etappe: Luchon-Plateau de Beille (170 Kilometer)
Mittwoch, 22. Juli 1998

Nach ungefähr vier Kilometern erreichte ich wieder die Spit-
ze. Von unserer Mannschaft war nur noch Bjarne Riis dabei.
Ich muß leider sagen, daß er in diesem Moment sein eigenes
Rennen fuhr. Entweder konnte er mir nicht helfen, oder er
wollte nicht. Ich weiß es nicht. Jedenfalls hatte ich kaum
durchgeatmet, als Marco Pantani angriff. Ich kann ihm kei-
nen Vorwurf machen. Es war völlig klar, daß er diese Berg-
ankunft zu einer seiner berühmten Attacken nutzen würde.
Durch meine Aufholjagd nach dem Defekt war ich aber so
kaputt, daß ich ihm nicht mehr folgen konnte.
Es bildete sich daraufhin eine Gruppe mit Julich, Rinero,
Boogerd und Escartin. Keiner half mir bei der Arbeit. Ich
habe dafür kein Verständnis, weil Pantani auch eine Be-
drohung für sie darstellte. Ich forderte die anderen mehr-
mals zur Zusammenarbeit auf. Keine Reaktion. Also ver-
suchte ich zu retten, was noch zu retten war. Kurz vor dem
Ziel fuhren meine Verfolger dann an mir vorbei, und ich ver-
lor noch sieben Sekunden. Meine ersten Gedanken waren:
Okay, wahrscheinlich kannst du diese Tour gewinnen. Ich
habe noch drei Minuten Vorsprung. Morgen ist erst einmal
Ruhetag. Und dann werden wir sehen, wer am besten über
die Alpen kommt.

Dr. Lothar Heinrich ist der Garant
für »saubere« Ärztekunst beim Team Telekom.

Ärztliche Radkunst

Um Jan Ullrich & Co. kümmern sich drei sportmedizinisch spezialisierte Orthopäden. Dr. Andreas Schmid leitet das Ärzteteam, er belegte selbst einmal einen der ersten drei Plätze bei den Deutschen Rad-Meisterschaften der Mediziner. Schmid kümmert sich verstärkt um Behindertensportler in Deutschland und betreut die Telekom-Profis deshalb vor

EXTRA:
DIE ÄRZTE IM TEAM DEUTSCHE TELEKOM

allem in Freiburg. Dr. Lothar Heinrich begleitet die Fahrer zu ungefähr 150 Rennen in der Saison. Er war aktiver Handballer. Dr. Carsten Temme kam 1997 neu ins Ärzteteam, war als Radrennfahrer südbadischer Meister.

Die Zusammenarbeit von Radsport-Team und Uniklinik umfaßt die normale Gesundheitsbetreuung bei den Rennen, die detaillierte Erarbeitung von Trainingsplänen und eine ausgefeilte Leistungsdiagnostik. Im Mittelpunkt steht dabei ein Ergometer-Stufentest. Der Fahrer beginnt mit einer Trittleistung von 100 Watt, die sich alle drei Minuten um 20 Watt steigert. Dabei werden Werte ermittelt, die über Leistungsfähigkeit, Erholungsvermögen und Sauerstoffaufnahme Auskunft geben. Für Jan Ullrich ist es jedes Jahr die letzte Auskunft über seine Form für die Tour de France.

Ruhetag? Training muß sein.

Ruhetag? Ich möchte einmal wissen, woher dieser Name kommt. Ich jedenfalls hatte heute keine Ruhe. Wir wohnen in Pamiers zwar im »Hotel de la Paix«. Von Frieden war hier allerdings nichts zu spüren. Das Hotel liegt direkt an einem lebendigen Marktplatz, gestern abend konnte man bis spät in die Nacht die Musik einer Diskothek hören. Wir haben diesmal leider Pech gehabt bei der Verteilung der Unterkünfte.

Nach dem Frühstück fand eine internationale Pressekonferenz statt. Das Interesse an unserem Team hat unglaubliche Dimensionen angenommen. Seit dem frühen Morgen wird das Hotel von Reportern und Kcamerateams belagert. Mein Zimmerkollege Jens Heppner hat mir erzählt, daß die Fahrer des Teams Telekom noch vor drei Jahren froh waren, wenn am Ruhetag eine Handvoll deutscher Journalisten vorbeigeschaut hat. Heute liegen ungefähr 250 Journalisten aus aller Welt auf der Lauer und löchern uns mit ihren Fragen. Ich mag diese Pressekonferenzen nicht, sie sind anstrengend und zeitraubend. Anderen Fahrern macht es vielleicht Spaß, mit Reportern zu reden und über alle möglichen Dinge Auskunft zu geben. Ich aber will meine Ruhe. Mir ist völlig

23. JULI: RUHETAG
IN TARASCON-SUR-ARIÈGE

klar, daß ich mir mit dieser Meinung unter den Journalisten nicht nur Freunde mache.
Am Nachmittag stand Training auf dem Programm. Zwei Stunden lang rollten wir mit kleinen Gängen und lockerem Tritt durch die Gegend. Ich fühle mich

Und immer dabei: die Fans von Jan Ullrich.

eigentlich gar nicht schlecht. Natürlich gibt mir die Etappe von gestern zu denken. Mein Sportlicher Leiter Walter Godefroot hat kritisiert, daß ich nach dem Defekt zu hektisch reagiert hätte. Dadurch sei ich zu schnell wieder nach vorne gedüst und hätte zuviel Kraft verbraucht. Aber weiß ich denn, was da vorne abgeht, wenn ich nicht dabei bin? Was kann ich dafür, wenn von unseren Leuten kein einziger zu meiner Unterstützung in der ersten Gruppe fährt? Ich bin davon überzeugt, daß unser Team in den Alpen wieder stärker auftrumpfen wird. Mit Bjarne Riis habe ich heute auch gesprochen. Er hat mir nach seinem Rückstand von gestern seine volle Unterstützung zugesichert. Bjarne wird mit seiner Erfahrung und seiner Ruhe sehr wichtig für mich sein. Am Abend berichten die französischen Sender im Fernsehen von der Verhaftung der Festina-Fahrer. Wie Kriminelle mußten sie zu Vernehmungen bei der Polizei erscheinen. Was ist das für eine verrückte Welt? Ich wollte mit Richard Virenque bei der Tour de France meine Kräfte messen. Und jetzt sitzt er im Gefängnis. Ich bin davon überzeugt, daß uns dieses Thema bei der Tour noch weiter beschäftigen wird.

DIE TOUR
IN DEN ALPEN

Sonnenblumen-Idylle
abseits der Tour-Hektik.

Telegramm: Fahrer streiken gegen »unfaire« Doping- berichte in den Medien – Etappe beginnt zwei Stunden später – Laurent Jalabert greift Spitzenreiter Jan Ullrich an, wird aber eingeholt – Den Spurt gewinnt der Belgier Tom Steels – Erik Zabel nur Fünfter – Jan Ullrich bleibt in Gelb.

Heute abend wird gestreikt. Gegen zwölf Uhr fuhren wir wie immer mit unserem Team- bus zum Start nach Tarascon. Beim Einschreiben in die Starterliste bemerkte ich eine große Aufregung unter den französischen und italienischen Fahrern. Sie diskutierten heftig miteinander. Der Ehrenstart erfolgte trotzdem noch pünktlich, wir fuhren ganz langsam los, die Diskussionen gingen weiter. Ich hörte dann von Bjarne Riis, daß heute gestreikt werden soll.

Direkt vor dem scharfen Start am Stadtrand von Tarascon blieb das ganze Feld stehen. Laurent Jalabert ging als Spre- cher der Fahrer zum Auto von Tour-Direktor Jean- Marie Leblanc. Er prote- stierte über ein Mikrofon gegen die Doping-Bericht- erstattung in den Medien. Wir würden wie Vieh behan- delt und deshalb heute nicht mehr aufs Rad steigen.

24. JULI: 12. ETAPPE TARASCON-SUR- ARIÈGE– LE CAP D'AGDE, 222 KM

Vor allem die Mannschaften aus Spanien und Italien waren wild entschlossen, diesen Streik durchzuziehen. Unser Team verhielt sich zurückhaltender. Walter Godefroot sprach mit unseren Leuten per Telefon über den Protest. Er hielt den Streik für die falsche Methode, was Bjarne Riis dann wiederum in unserem Namen gegenüber der Rennleitung zum Ausdruck brachte. Aber selbstverständlich wollten wir nicht als Streikbrecher auftreten.

Da saß ich nun zwei Stunden lang auf der Straße und hatte Zeit, über diese ganze verzwickte Situation nachzudenken. Es ist schon ärgerlich. Das ganze Leben träumt man als Rennfahrer vom Gelben Trikot bei der Tour de France. Und dann berichten die Medien fast nur über Dopingskandale, Verhaftungen und Verhöre. Ich wünsche mir sehr, daß der Radsport aus diesen negativen Schlagzeilen wieder herauskommt. Deshalb habe ich mich spontan entschlossen, meine Prämiengelder dieser Tour für ein Anti-Doping-Programm zur Verfügung zu stellen.

Mit zweistündiger Verspätung begann dann doch noch die Etappe. Zunächst fuhren wir in fünf verschiedenen Gruppen los. Die hartnäckigsten Protestierer blieben am Start. Nach 16 Kilometern wurden wir alle angehalten, und das Rennen begann. Dann ging's zur Sache. Ausgerechnet Laurent Jalabert, der eben noch der Initiator des Streiks war, griff gemeinsam mit seinem Bruder an. Wir konnten ihn trotz der großen Hitze aber wieder einfangen. Den Spurt in Cap d'Agde hat Erik Zabel leider wieder verloren. Abends erfuhr ich dann, daß Erik wenige Kilometer vor dem Ziel auf die linke Schulter gestürzt war und deshalb den Lenker nicht richtig festhalten konnte. Ich gebe dennoch die Hoffnung nicht auf, daß es für ihn noch mit einem Etappensieg klappt.

Letzte Inspektion der Rennmaschine.

Telegramm: Wieder eine Hitzeschlacht bei hohem Tempo – Früh entsteht eine Spitzengruppe, die einen maximalen Vorsprung von elf Minuten herausfährt – Spurtsieger wird der Italiener Daniele Nardello – Jan Ullrich bleibt in Gelb vor dem US-Amerikaner Bobby Julich.

Viele haben uns nach dieser Etappe gefragt, warum wir bereits so früh und vor allem so viel gearbeitet haben. Es bildete sich schon bald nach dem Start eine Spitzengruppe, in der Stéphane Heulot als bester Fahrer mit zehn Minuten Rückstand in der Gesamtwertung vertreten war. Also habe ich mich mit Bjarne Riis beraten, der wiederum mit Walter Godefroot in unserem Materialwagen telefonierte. Von Bjarne und mir ging die Anweisung an Christian Henn, der die Organisation übernahm, wie viele und welche Helfer vom Team Deutsche Telekom die Arbeit verrichten. Natürlich waren wir immer über den Vorsprung der Spitzengruppe informiert.

Wir erkannten bald, daß keine Gefahr mehr für mein Gelbes Trikot existierte. Die Mannschaft von Bobby Julich hat uns dann geholfen, so daß wir gar nicht so viele Kräfte verloren. Die Ausreißer haben wir

25. JULI: 13. ETAPPE FRONTIGNAN-LA-PEYRADE–CARPENTRAS, 196 KM

Marco Pantani bereits in Lauerstellung.

nicht mehr eingefangen, aber das war nicht weiter schlimm. Erik Zabel gewann den Spurt des Hauptfeldes. Er hat jetzt einen Riesenvorsprung in der Wertung für das Grüne Trikot.

Vor der Tour hat »Ete« immer betont, daß ihm in diesem Jahr ein Etappensieg wichtiger sein würde als das Sprintertrikot. Aber seine Ziele haben sich während der Rundfahrt geändert. Ob es bei den beiden restlichen Flachetappen noch mit einem Spurtsieg klappt, muß man abwarten. Aber als erster Rennfahrer das Grüne Trikot der Tour de France dreimal nacheinander zu gewinnen ist zweifellos ein Riesenerfolg.

Der schönste Augenblick des Tages ist die Massage bei »Eule«. Endlich Ruhe. Außer uns beiden und manchmal Pressesprecher Mathias Schumann darf niemand in das Zimmer. »Eule« spürt sofort, wie ich drauf bin. Manchmal erzähle ich ihm von der Etappe, manchmal telefoniere ich von der Massagebank aus nach Hause, manchmal schlafe ich einfach ein.

Wenn mein Masseur Dieter Rutenberg merkt, daß ich müde bin, beeilt er sich mit der Massage in der Bauchlage. Dann kann ich mich noch auf den Rücken umdrehen, bevor ich einschlafe. Eine Stunde später muß er mich dann wecken, sonst gerät das ganze Abendprogramm durcheinander. Ich könnte mich stundenlang massieren lassen.

Dieter »Eule« Rutenberg bei der täglichen Routinearbeit: Kofferzählen des Mannschaftsgepäcks.

EXTRA:
DER MASSEUR

1958 geht bei der DDR-Meisterschaft im Radcross ein junger Rennfahrer von der BSG Einheit Neustrelitz an den Start. Dieter Rutenberg fällt vor allem durch eine klobige Kassenbrille auf. Jemand nennt ihn »Eule«. Der Name bleibt ihm. »Eule« ist der Rennfahrerliebling im Team. Bei der Tour de France kümmert er sich ausschließlich um die Muskelpakete von Erik Zabel und Jan Ullrich. Bis zu 90 Minuten täglich knetet er die müden Beine der Telekom-Stars.

Der Junge aus Mecklenburg wurde 1959 zum SC Dynamo Berlin delegiert. Bei der Ostsee-Rundfahrt trug er später das Gelbe Trikot. 1970 begann er die Ausbildung an der Bademeister- und Masseurschule Berlin.

> Jan Ullrich über Dieter Rutenberg:
> *»Eule ist für mich viel mehr als ein Masseur für müde Muskeln. Nirgendwo habe ich so viel Ruhe, kann ich mich so entspannen wie auf seiner Massagebank.«*

Zum Radsport kehrte er 1984 als Betreuer für Olaf Ludwig und Co. in die DDR-Nationalmannschaft zurück. Nach der Wende wurde er jedoch arbeitslos. Kurz danach erinnerten sich Jens Heppner und Uwe Ampler an ihn, die inzwischen beim Team Telekom fuhren. Beim Giro d'Italia 1992 gab »Eule« sein Debüt. Heute ist er unverzichtbar: Das Müsli zum Frühstück, die frisch gewaschene Rennhose, aufgefüllte Trinkflaschen, Verbände auf schmerzende Wunden – »Eule« hilft.

Fest verbunden
mit Pedal und Rennrad.

Telegramm: Mit vier leichteren Bergen erste Einstimmung auf die Alpen – Wieder geht eine Spitzengruppe, und Telekom reagiert – Etappensieg für den Australier Stuart O'Grady – Erik Zabel siegt wieder im Spurt des Hauptfeldes – Jan Ullrich übersteht auch diesen Tag ohne Probleme in Gelb.

Es bleibt heiß bei dieser Tour de France. 35 Grad im Schatten, bis zu 45 Grad auf der Straße. Ich habe mir in meine Mütze Löcher geschnitten, damit wenigstens ein bißchen frische Luft an den Kopf kommt. Aber wenn es in die Berge geht, hilft sowieso nichts mehr gegen die Hitze. Manchmal hat man Glück, daß Fans einem kaltes Wasser über den Kopf kippen. Aber diese Aktionen sind immer gefährlich.

Auf dem Weg zu den Alpen habe ich gemerkt, daß hier viel mehr deutsche Fans angereist sind als noch in den Pyrenäen. Dort feuerten vor allem die Spanier lautstark ihre Fahrer an. Aber hier in den Alpen ist es anders. Man hört jetzt vielfach deutsche Rufe und Anfeuerungen, man liest die Namen unserer Fahrer auf der Straße. Da ich beim Fahren immer ein bißchen nach unten gucke, lese ich, was die Fans auf den Asphalt gemalt haben. Pantani und Jalabert führen die Hitliste an, aber kurz dahinter bereits Bjarne Riis und ich.

26. JULI: 14. ETAPPE VALRÉAS–GRENOBLE, 186,5 KM

Auch die Fans von Udo Bölts haben wieder fleißig gepinselt. Ich weiß, daß mein Merdinger Fanclub in die Alpen und nach Paris an die Strecke kommen wird. Erich Keller ist der Wirt vom

Jan Ullrich im Tour-Wirbel.

Gasthof in Merdingen und Vorsitzender des Jan-Ullrich-Fanclubs. Er hat mir schon vor Monaten erzählt, daß mehrere Busreisen organisiert würden. Hoffentlich werde ich meine Fans nicht enttäuschen. Ich bewundere die Leute immer wieder, die stundenlang an der Straße stehen und auf uns Fahrer warten. Bei Wind und Wetter, oder eben bei großer Hitze. Und dann ist in Sekundenschnelle alles vorbei.

Diese 14. Etappe verlief ohne dramatische Zwischenfälle. Die Berge waren nicht hoch und auch nicht steil. Nur Luc Leblanc hat einmal kurz angegriffen. Das war aber absolut ungefährlich. Alle Favoriten beobachten sich aufmerksam, bevor es morgen ins Hochgebirge geht. Bobby Julich fährt meistens direkt neben mir. Er macht einen guten Eindruck, wirkt ganz ruhig.

Ich kann schlecht einschätzen, wie gut er in den Bergen über 2000 Meter ist. Auch Jalabert und Boogerd sind immer in meiner Nähe. So ist das eben. Man fährt tausend Kilometer Seite an Seite und wartet immer auf den Augenblick zum Angriff oder eine kleine Schwäche der Gegner. Nur Marco Pantani ist kaum zu sehen. Er mag diese Enge im großen Feld nicht und fährt hinten. Das kann sich aber schon morgen ändern.

Trotz unbändigen Kampfgeists am Berg erfroren.

Telegramm: Regen und Kälte vom Start bis ins Ziel – Beim Aufstieg zum Galibier greift Marco Pantani an – Jan Ullrich gerät in eine schwere Krise: zwei Defekte, Hunger, keine Helfer – Im Ziel 8:56 Minuten Rückstand auf den Etappensieger Pantani – Der Italiener erobert zum ersten Mal das Gelbe Trikot.

Ich bin das Gelbe Trikot los. Es ist eigenartig. Heute habe ich die schlimmste Niederlage meiner Karriere erlitten. Es war furchtbar. Aber nachdem ich in der Badewanne saß und zwei Teller Müsli gegessen hatte, sah die Welt schon wieder anders aus. Gaby hat mir am Telefon gesagt, daß ich für sie immer im Gelben Trikot bleiben werde. Das tat gut. Irgendwie lief heute alles gegen mich. Es regnete schon am Start. So langsam kroch die Kälte überall hin. Ein grausames Wetter. Dann kamen wir zum höchsten Punkt der Tour mit 2645 Metern. Am Galibier griff Marco Pantani an. Ich hatte damit gerechnet, konnte ihm aber trotzdem nicht folgen. Also versuchte ich zunächst, im Rhythmus zu bleiben. Von Julich, Escartin und Boogerd war keine Hilfe zu erwarten. Auch Bjarne Riis war weit weg. Auf dem Gipfel hatten wir zweieinhalb Minuten Rückstand – noch keine Katastrophe. Es war aber so kalt, ich zitterte bei der Abfahrt. Unten lagen wir nur noch zwei Minuten hinter Pantani. Ich schöpfte

27. JULI: 15. ETAPPE GRENOBLE– LES DEUX ALPES, 189 KM

noch einmal Hoffnung,
spürte aber auch, wie
meine Kräfte nachließen.
Dann überschlugen sich
die Ereignisse. Vor dem
letzten Anstieg nach Les
Deux Alpes hatte ich zum
zweiten Mal Defekt. Ich

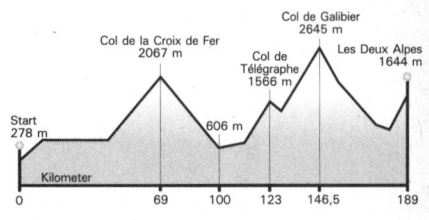

15. Etappe: Grenobles–Les Deux Alpes (189 Kilometer)
Montag, 27. Juli 1998

fiel zurück. Dann zog ich zu schnell meine Regenjacke aus
und unterkühlte mich. Schließlich bekam ich Hunger. Das
Schlimmste, was passieren konnte. Ich hatte vergessen, aus-
reichend zu essen. Der Körper hat dann keine Energievorrä-
te mehr, und man bekommt einen »Hungerast«. Man kann
auch Schwächeanfall dazu sagen.

Die Beine wurden immer schwerer. Jeder Tritt tat mir weh.
Andere Fahrer überholten mich. Endlich kamen Udo Bölts
und Bjarne Riis. Sie erkannten mich kaum wieder. Die
Augen waren dick geschwollen von der Anstrengung. Wir
verloren Minute um Minute. Udo und Bjarne versuchten
mich immer wieder aufzumuntern. Zwecklos. Ich schleppte
mich den Berg hinauf und erreichte das Ziel mit fast neun
Minuten Rückstand auf Marco Pantani. Er fuhr wie der Teu-
fel. Ich habe immer gesagt, daß »Elefantino« für mich der
beste Kletterer der Welt ist.

Was soll ich jetzt sagen? Die Tour scheint verloren. Sechs
Minuten kann ich im Zeitfahren gegen Pantani nicht aufho-
len. In den Bergen schon gar nicht. Aber ich will kämpfen.
Wenn ich diese Tour mit einem Platz auf dem Podium und
vielleicht noch einem weiteren Etappensieg beenden kann,
ist sie für mich ein Erfolg. Auch wenn mein Traum vom
zweiten Tour-Sieg heute geplatzt ist.

Jan Ullrich mit Bobby Julich im Schlepptau.

Walter Godefroot – der Chef

Walter Godefroot ist Sportlicher Leiter, Geschäftsführer der Godefroot GmbH und damit Vertragspartner der Deutschen Telekom. Er ist der Arbeitgeber von Jan Ullrich. Godefroot war selbst ein erfolgreicher Profi mit 150 Siegen zwischen 1965 und 1979. Als Amateur wurde er Dritter der Olympischen Spiele 1964 in Tokio. Mit der Flandern-Rundfahrt (1968 und 1978), Paris–Roubaix (1969) und Lüttich–Bastogne-Lüttich (1967) gewann er berühmte Frühjahrsklassiker. An der Tour de France nahm er siebenmal teil und feierte zehn Etappensiege, darunter 1975 den ersten Spurt auf dem Pariser Champs-Élysées.

> Ullrich über Godefroot:
> *»Er ist mein Chef. Walter ist dafür verantwortlich, daß wir eines der am besten organisierten Teams der Welt sind.«*

Rudy Pevenage – der Trainer

Als Rennfahrer erlebte Rudy Pevenage 1980 sein bestes Jahr. Bei der Tour de France gewann er die Etappe von Frankfurt am Main nach Metz, trug neun Tage lang das Gelbe Trikot und erreichte das Ziel in Paris als bester Sprinter im Grünen Trikot. Die besten Ergebnisse erreichte der Sprintspezialist aus Geraardsbergen als Dritter der Flandern-Rundfahrt 1982

EXTRA: DIE SPORTLICHEN LEITER

und Vierter des Amstel Gold Race 1981.

1994 wechselte Pevenage vom kleinen La-William-Team zur Telekom-Mannschaft. Er kümmerte sich um eine bessere Trainingsmethodik und professionalisierte das Innenleben des Teams. Bei den Rennen überläßt Walter Godefroot immer mehr seinem zweiten Sportlichen Leiter die Regie. Auch die Abstimmung der Trainingspläne von Jan Ullrich erfolgt mit Rudy Pevenage.

Frans van Looy – der Assistent

Der dritte Sportliche Leiter war von 1972 bis 1981 Radprofi. Er errang zwar 14 Profisiege, vor allem aber in kleinen Rennen. Van Looy wurde in seinen Mannschaften als uneigennütziger Helfer geschätzt. An der Tour de France nahm er zweimal teil, belegte 1974 den 99. Platz. Frans van Looy ist bei vielen kleineren Rundfahrten als Sportlicher Leiter unterwegs, betreut die »zweite Reihe« im Team Deutsche Telekom und sucht nach talentierten neuen Fahrern für das Team.

Unter seinen Fittichen wuchs das Team Deutsche Telekom zu einem der weltbesten Teams heran.

Telegramm: Rolf Aldag fährt 140 Kilometer in einer Spitzengruppe, wird aber eingeholt – Jan Ullrich greift am Col de la Madeleine an – Nur Marco Pantani kann ihm folgen – Ullrich gewinnt im Spurt vor dem Träger des Gelben Trikots – Der Sieger vom letzten Jahr verbessert sich auf Rang drei.

Die Zähne gezeigt – Ullrich zeigt sich als echter Champion

Es ist spät am Abend. Ich liege im Bett im Mannschaftshotel, mein Zimmerkumpel Jens Heppner schläft schon. Ich kann noch keine Ruhe finden. Zu viel ist heute passiert. Ich bin müde, erschöpft, aber auch glücklich. Genau so hatte ich mir die Tour vorgestellt.

Wir hatten uns vorgenommen, von Anfang an für hohes Tempo zu sorgen. Deshalb gehörte Rolf Aldag einer Spitzengruppe an, die sich schon nach drei Kilometern vom Feld absetzte. Rolf ist heute toll gefahren. Er fuhr an der Spitze über vier schwere Berge. Und dann unterstützte er mich noch bis zur totalen Erschöpfung.

Ich hatte mir eine steile Stelle am Col de la Madeleine für

28. JULI: 16. ETAPPE VIZILLE– ALBERTVILLE, 204 KM

meinen Angriff ausgesucht. Dieser Berg ist 2000 Meter hoch und gehört für viele Rennfahrer zu den schwersten Anstiegen, die es überhaupt gibt. Die Straße zieht sich endlos hin, es geht immer höher, längst ist die Baumgrenze überschritten.

93

16. Etappe: Vizille–Albertville (204 Kilometer)
Dienstag, 28. Juli 1998

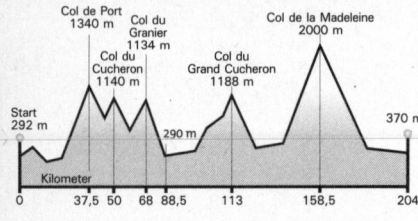

Dort bin ich ausgerissen. Ich fuhr 200 Meter am vollen Anschlag. Dann drehte ich mich um. Mist! Pantani war hinter mir. Es wäre zu schön gewesen, wenn ich ihm entwischt wäre. Mir blieb trotzdem keine Wahl. Wenn ich gegen Julich und Escartin, die nach dem Einbruch von gestern noch vor mir lagen, Zeit herausholen wollte, mußte ich volle Pulle weiterfahren. Mit Pantani am Hinterrad. Ich wußte, daß ich ihn am Berg nicht abhängen kann.

Wir erreichten also gemeinsam den Gipfel. Unwahrscheinlich viele Zuschauer feuerten uns hier oben an. Italiener und Deutsche. Bei der Abfahrt versuchte ich Pantani zu erklären, daß auch er einmal die Führungsarbeit übernehmen solle. Aber er wollte nicht. Erst als wir die letzten 15 flachen Kilometer erreichten, fuhr »Elefantino« auch mal an der Spitze. Wir erhielten genaue Informationen über unseren Vorsprung. Mehr als zwei Minuten und 15 Sekunden wurden es leider nie. Ich redete noch einmal auf Pantani ein, mit mir zusammenzuarbeiten. Aber sein Interesse war begrenzt. Normalerweise ist es ein ungeschriebenes Gesetz, daß der Träger des Gelben Trikots dem anderen den Tagessieg überläßt.

400 Meter vor dem Ziel überließ ich ihm noch einmal die Führung, dann sprintete ich aus seinem Windschatten. Ich war überglücklich im Ziel. Das Wichtigste aber war nicht der Etappensieg. Vielmehr hatte ich mir selbst bewiesen, daß mich eine schwere Niederlage nicht umwirft.

Verbrüderung am Tiefpunkt der Tour.

Telegramm: Die Fahrer streiken wegen der Vernehmungen des TVM-Teams durch die Polizei – Laurent Jalabert und sein Once-Team beenden die Tour auf Anweisung des Sponsors – Auch Banesto und Riso Scotti steigen aus – Für den Abend werden weitere Durchsuchungen erwartet – Die Zukunft der Tour de France ist ungewiß.

Ich hatte mir für diesen Tag so viel vorgenommen. Am Morgen hatten wir eine Mannschaftsbesprechung, in der die Taktik für die letzte Alpenetappe besprochen wurde. Ich habe alle um Unterstützung gebeten. Auf dem Programm standen noch einmal zwei Berge der ersten Kategorie. Die Etappe war sehr kurz, deshalb wollten wir von Anfang an ein hohes Tempo vorlegen. Am letzten Berg, dem Col du Revard, wollte ich Marco Pantani angreifen. Es war ein verwegener Plan, aber wir wollten es unbedingt probieren. Doch unsere Pläne wurden schnell durchkreuzt.

Schon am Start hörten wir von den Vorfällen um das TVM-Team in der vergangenen Nacht. Die Fahrer wurden am Abend von der französischen Polizei zu Vernehmungen abgeholt. Teilweise wurden sie unter der Dusche verhaftet. Sie durften nicht essen und trinken, es gab nach dieser schweren Berg-

**29. JULI:
17. ETAPPE
ALBERTVILLE–
AIX-LES-BAINS,
149 KM**

Jan Ullrich – traurig wie selten!

etappe keine Massage für sie. Erst weit nach Mitternacht kamen die Fahrer wieder ins Hotel zurück. Dort waren inzwischen ihre Zimmer durchsucht worden. Am Morgen danach waren alle empört über die Behandlung unserer Kollegen. Die TVM-Leute baten uns um Unterstützung bei ihrem Protest. Marco Pantani in Gelb stimmte zu.

Nach wenigen Kilometern hielt das Feld an. Wir streikten. Es gab heftige Diskussionen, wie wir vorgehen wollten. Laurent Jalabert brachte sein Rad zum Teamwagen, alle Mannschaftskameraden von Once folgten ihm. Sie beendeten die Tour. Später hörte ich, daß der Hauptsponsor aus Spanien die Anweisung zur Aufgabe gegeben hatte. Zum Fahrersprecher wurde Bjarne Riis ernannt. Er sprach daraufhin mit Tour-Direktor Jean-Marie Leblanc und überbrachte unsere Forderungen. Wir wollten einfach faire Behandlung von der Polizei. Unwürdige Vernehmungsmethoden wie bei den TVM-Fahrern dürfen sich nicht wiederholen.

Es ging hin und her. Mit Banesto und Riso Scotti beendeten zwei weitere Teams die Tour de France. Das hatte es noch nie gegeben. Ich war so traurig wie selten. Ich bin hierhergekommen, um ein Radrennen zu gewinnen. Heute wollte ich meine letzte Chance suchen, doch noch das Gelbe Trikot zu erobern. Und nun war ich in einen Streik von Radprofis verwickelt. Am Abend war völlig unklar, wie es mit der Tour de France weitergeht. Ob es überhaupt weitergeht?

Mensch-Maschine: Harmonie auf zwei Rädern

Vor der Sprintankunft: Erik Zabel wird in Position gebracht

Nach Etappenende: Jan Ullrich in Sieger-Positur

Die Helfer schirmen ihren Kapitän ab

Schattenspiel
im Zeitfahren

Fahrerfeld im Schatten einer Platanenallee

Aus allen Träumen gerissen:
Jan Ullrich wollte auf der 17. Etappe nochmals voll angreifen.

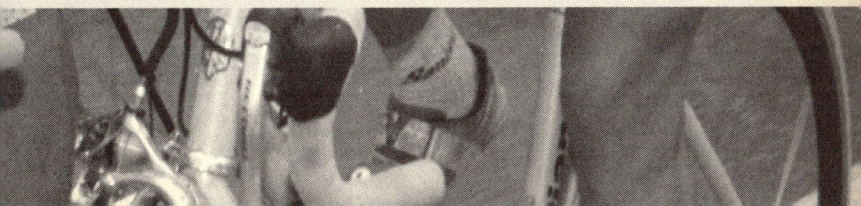

DIE TOUR
NACH PARIS

Die Tour-Karawane beim Überschreiten der schweizerischen Grenze.

Telegramm: In der Nacht ziehen sich die letzten spanischen Teams, Kelme und Vitalicio, von der Tour zurück – Bergtrikot-Träger Rudolfo Massi wird verhaftet – Die Etappe ist zu flach für Angriffe auf das Gelbe Trikot – Erik Zabel verliert im Spurt gegen den Belgier Tom Steels – Die Tour scheint Paris zu erreichen.

Immer mehr Mannschaften fahren nach Hause. Alle spanischen Teams sind schon weg. Die Sponsoren haben offenbar Druck auf die Sportlichen Leiter ausgeübt. Der Rückzug ist verständlich. Unser Sponsor hat hingegen anders reagiert: mit einem Bekenntnis zum Team. Jürgen Kindervater vom Telekom-Vorstand hat betont, daß alle Verträge bis 2001 erfüllt werden. Ein beruhigendes Gefühl. Kein Verständnis habe ich für Fahrer wie Luc Leblanc. Der Weltmeister von 1994 ließ sein Team im Stich und ist nicht mehr im Rennen. Leute wie er oder Jalabert haben mir die letzte Chance geraubt, Pantani noch einmal anzugreifen. Sie wollten die Tour beenden, nur weil sie wieder einmal sportlich gescheitert sind.

30 JULI: 18. ETAPPE AIX-LES-BAINS–NEUCHÂTEL, 218,5 KM

*Meine Enttäuschung ist nach wie vor sehr groß. Aber alleine
konnte ich auch nicht losfahren. Solidarität ist unter den
Rennfahrern Ehrensache, da mußte ich meine eigenen Wünsche zurückstellen. Leider!*

*Auch der Träger des Bergtrikots ist nicht mehr dabei. Rudol-
fo Massi soll gestanden haben, daß er andere Fahrer mit
EPO versorgt hat. Ich bin überzeugt, daß wir Fahrer, die mit
fairen, sauberen Mitteln ihren Beruf ausüben, uns besser
schützen müssen. Im Moment geraten wir alle in den Dunst-
kreis von Verdächtigungen und Unterstellungen. Wer glaubt
mir noch, daß ich meine Leistungen ehrlich erarbeitet habe?*

*Mein Manager Wolfgang Strohband, der bei der Tour anwe-
send ist, hat mich beruhigt. Meine Sponsoren würden mir
bisher alle die Treue halten. Es gebe keine Bedenken.*

*Auf der heutigen Etappe ergab sich keine Gelegenheit,
Pantani anzugreifen. Er fährt wirklich clever. Zu Beginn der
Tour in Irland war Pantani nie zu sehen. Da rollte er irgend-
wo ganz weit hinten im Feld, trotz der Gefahr, durch Stürze
oder Ausreißer Zeit zu verlieren. Aber jetzt ist er stets aufmerksam, immer in meiner und Bobby Julichs Nähe. 50 Kilometer vor dem Ziel fuhren wir an der Spitze ein unglaubli-
ches Tempo, um einige Ausreißer einzufangen. Das Feld riß
auseinander. Aber Marco bekam nie Probleme. Ich kann es
wohl nur noch beim Zeitfahren am Samstag probieren.*

*Wir haben dann noch einmal den Spurt für Erik Zabel vor-
bereitet. Diesmal hat es ganz gut geklappt. Sogar Bjarne hat
sich mit reingehängt. Und ich beschleunigte dann noch einmal hinter der 1000-Meter-Marke. Aber »Ete« hat leider
wieder nicht gewonnen. Ich sah die Bilder abends im Fernsehen. Tom Steels fuhr mit einem größeren Gang an ihm
vorbei, er war einfach stärker. Schade, wieder nichts.*

Ullrich im Mittelpunkt:
Autogrammwünsche der Fans.

Telegramm: TVM-Team kehrt nicht nach Frankreich zurück – Nur noch 14 Mannschaften im Rennen – Eine Spitzengruppe fährt bis zu 17 Minuten Vorsprung heraus – Die Etappe gewinnt der Schwede Magnus Backstedt – Erik Zabel führt uneinholbar in der Sprintwertung – Marco Pantani behält 5:42 Minuten Vorsprung.

Noch einmal 242 Kilometer. Wir stehen früh auf, weil das Rennen bereits um 11 Uhr beginnt. Am Start müssen sich alle Fahrer in eine Liste eintragen. Es fehlt wieder eine Mannschaft. TVM hat den Ausflug in die Schweiz zum Ausstieg genutzt. Schon gestern hatte sich der Sprinter Jeroen Blijlevens verabschiedet, heute folgten ihm die anderen Fahrer. Das Feld ist spürbar kleiner geworden – nur noch die Hälfte als beim Start in Irland. Aber vielleicht ist es sogar ein Erfolg, daß nach diesen drei Wochen überhaupt noch 90 Fahrer das Ziel in Paris erreichen.

Die Etappe begann ziemlich ruhig. Heute hatte ich auch einmal Zeit, mir die Leute am Straßenrand anzuschauen. Es stehen unverändert viele Menschen an der Strecke. Die Begeisterung der Zuschauer ist groß, sie applaudieren und feuern uns an. Manchmal wundert mich das selbst. Heute konnte

31. JULI:
19. ETAPPE
LA CHAUX-DE-FONDS–AUTUN,
242 KM

man besonders viele Plakate und Spruchbänder lesen, die uns wieder in Frankreich begrüßt haben. Im Rennen hat man manchmal den Eindruck, als wäre es eine ganz normale Tour de France. Natürlich ist sie es schon lange nicht mehr.

Ich unterhalte mich mit Bobby Julich. Er versteht ein bißchen Deutsch, ich versuche es mit Englisch. Mit dem Amerikaner komme ich ganz gut klar.

Immer zur Stelle: Trinkflasche aus dem Mannschaftswagen.

Schade, daß er voriges Jahr nicht in unser Team gewechselt ist. Verstehen kann ich ihn. Bei uns hätte er die Tour nie als Kapitän fahren können. Bjarne Riis fährt lange neben mir. Auch für ihn war es eine sehr komplizierte Rundfahrt. Kein Etappensieg, kein Platz auf dem Podium, die ganze Aufregung beim Streik als Fahrersprecher. Ich habe befürchtet, daß Bjarne nach diesen Erlebnissen seine Karriere beenden würde. Aber er erzählt mir, daß er sich heute morgen mit Walter Godefroot auf eine Vertragsverlängerung für zwei Jahre geeinigt hat. Per Handschlag. Ich freue mich sehr darüber. Mit Erik Zabel, Bjarne und mir steht das Gerüst für das Team Deutsche Telekom der nächsten zwei Jahre. Wir bleiben ein starkes Team.

Später wurde das Rennen dann schneller. Es wurden viele Attacken geritten. Leider waren wir nicht in der Spitzengruppe vertreten. Aber das Tempo beruhigte sich wieder. Die Gruppe hatte 17 Minuten Vorsprung. Wahrscheinlich dachten viele schon an das letzte Zeitfahren. Es ist 52 Kilometer lang. Meine letzte Chance auf einen Etappensieg, den zweiten Platz im Klassement oder doch noch der Tour-Sieg?

Kurz hinter der schweizerischen Grenze setzt sich Jeroen Blijlevens vom TVM-Team ab.

9. Juli: Drei Tage vor dem Tour-Start in Dublin wird der Masseur der Festina-Mannschaft, Willy Voet, an der französischen Grenze gestoppt. In seinem offiziellen Tour de France-Auto findet die Polizei mindestens 250 Ampullen EPO und 150 Ampullen Anabolika.

10. Juli: Auch in der Zentrale der Festina-Mannschaft in der Nähe von Lyon findet die Polizei Dopingmittel und Disketten mit detaillierten Anweisungen zur Dopingeinnahme.

11. Juli: Masseur Voet belastet das gesamte Festina-Team schwer: Die Präparate wären für die Tour-Mannschaft bestimmt gewesen. Die Sportliche Leitung hätte ihm den Auftrag gegeben. Und er habe nicht zum ersten Mal verbotene Substanzen besorgt.

16. Juli: Bruno Roussel wird als Festina-Teamchef von der Tour ausgeschlossen und vorläufig festgenommen. Außerdem will Frankreichs Radsport-Verband eine Sonderkommission zur Untersuchung der Doping-Affäre einsetzen und gnadenlos ermitteln.

17. Juli: Tour-Direktor Jean-Marie Leblanc verkündet nach dem Geständnis von Roussel den Ausschluß der kompletten Festina-Mannschaft mit Richard Virenque.

19. Juli: Bei der Tour werden verstärkt Doping-Proben entnommen. Auch das Team Deutsche Telekom wird mehrmals

EXTRA:
DOPING-CHRONIK '98

kontrolliert. Allein Erik Zabel muß während der ersten zehn Etappen achtmal zur Dopinganalyse.

21. Juli: Neue Enthüllungen bei den Festina-Verhören: Teamarzt Ryckaert bestätigt ein kontrolliertes Doping, von dem alle beteiligten Fahrer gewußt hätten. Es gäbe außerdem eine schwarze Kasse für Doping-Mittel. Die Fahrer selbst hätten diese Kasse mit ihren Prämien finanziert.

22. Juli: Auch das TVM-Team gerät unter Doping-Verdacht. In einem Mannschaftswagen wurden bereits am 4. März 104 EPO-Ampullen gefunden.

23. Juli: Bis zum Ruhetag werden insgesamt 23 Personen wegen Doping-Mißbrauchs in Polizeigewahrsam oder Untersuchungshaft genommen.

24. Juli: Auch das Asics-Team aus Italien gerät unter Verdacht. Der französische Fernsehsender TV 2 berichtet, daß Reporter in den Mülleimern des Mannschaftshotels Medikamentenschachteln und leere Spritzen gefunden hätten.

25. Juli: Der Weltranglisten-Erste Laurent Jalabert ruft zum Streik als Protest gegen Doping-Berichte in den Medien auf. Erst mit 82 Minuten Verspätung wird die 12. Etappe gestartet. Vier Festina-Fahrer haben inzwischen nach Verhören gestanden, teilweise seit mehreren Jahren Dopingmittel eingenommen zu haben.

28. Juli: Im Team-Wagen der kleinen Mannschaft Big Mat werden 100 Medikamente sichergestellt, die untersucht werden sollen. TVM-Fahrer werden vorübergehend festgenommen und einer strengen Leibesvisitation unterzogen.

29. Juli: Die Fahrer streiken wieder, diesmal gegen die rüden Polizeimethoden. Laurent Jalabert und das Once-Team steigen auf Weisung des Sponsors aus. Auch Banesto, Riso Scotti, Vitalicio Seguros und Kelme ziehen ihre Mannschaften zurück. Bjarne Riis wird Fahrersprecher und rettet durch seine Vermittlung mit der Tour-Direktion die weitere Tour.

30. Juli: Der Träger des Bergtrikots, Rudolfo Massi von der Casino-Mannschaft, wird vorläufig festgenommen. Er gesteht die Weitergabe von EPO an andere Fahrer. In seinem Zimmer werden ausreichend Cortisone gefunden. Sofort nach Überschreiten der Schweizer Grenze steigt Etappensieger Jeroen Blijlevens vom TVM-Team aus dem Rennen aus und setzt sich in die Niederlande ab.

31. Juli: Der Rest der TVM-Mannschaft steigt ebenfalls aus. Die Mannschaft will sich den Befragungen durch die französische Polizei entziehen.

Die Streiks bei der Tour de France

1905: Zwischen Méaux und Châlon-sur-Marne streiken die Fahrer gegen Nägel auf der Straße. Diese Anschläge von Zuschauern und Konkurrenten würden ihre Sicherheit gefährden.

1966: Zwischen Bordeaux und Bayonne kommt es nach fünf Kilometern zu einem Sitzstreik. Die Fahrer wenden sich gegen die Einführung von Doping-Kontrollen, die ihre »persönliche Freiheit einschränken würden«.

1968: Journalisten streiken gegen den Tour-Direktor Felix Levitan. Der hatte in einem Fernsehinterview erklärt, die meisten Reporter würden nur nach Frankreich kommen, um die Tour kaputtzuschreiben.

1978: Die Fahrer halten auf der Etappe von Tarbes nach Valence-d'Agen unmittelbar vor dem Ziel. Bernard Hinault und Hennie Kuiper protestieren stellvertretend gegen lange Transfers nach den Etappen.

1982: Beim Mannschaftszeitfahren in Fontenay au Pière legen Stahlarbeiter der Usine-Nord das Rennen lahm. 10.000 Menschen demonstrieren gegen Arbeitslosigkeit und verbarrikadieren die Straße mit Stahlträgern.

1987: Auf der Etappe von St. Julien-en-Genevoise nach Dijon streiken die Fotografen. Die Tour-Direktion wollte sie vom Fahrerfeld entfernen, um das Rennen nicht zu behindern.

1998: Die Fahrer bestreiken die Etappe von Tarascon-sur-Ariège nach Le Cap d'Agde. Sie demonstrieren gegen die Berichterstattung über die Doping-Skandale der Tour. Vier Tage später wird die Etappe von Albertville nach Aix-les-Bains zu Bummelstreik. Diesmal richtet sich der Protest gegen die rüde Behandlung einiger Fahrer durch die Polizei.

33 Jahre nach Felice Gimondi gewinnt mit Marco Pantani wieder ein Italiener die Tour de France. Die »Gazetta dello Sport« würdigt diesen Triumph in besonderer Art und Weise: Zum ersten Mal in der 101jährigen Geschichte der größten italienischen Sportzeitung erscheint auf der Titelseite nur ein Bild und ein Name: PANTANI!

Volksheld

Bereits im Juni, als Marco Pantani den Giro d'Italia gewann, wurde sein Dorf Cesenatico an der Adria zum Mittelpunkt Italiens. Die Fans strichen den Fahrbahnbelag der Kanalstraße am kleinen Hafen rosa, der Farbe des Siegertrikots beim Giro. Nun planen die »Pantaninis«, die Straße wieder neu zu streichen: gelb. Auch Pantanis Haus und seine kleine Pizzeria am Marktplatz sollen gelb angemalt werden. Diese Pizzeria kaufte Marco vor einigen Jahren seinem Vater, einem ehemaligen Brötchenverkäufer. In der Backstube arbeiten auch seine Schwester und seine dänische Freundin Christina.

Außenseiter

Als Kind wurde Marco Pantani wegen seines Äußeren oft gehänselt. Seine übergroßen, abstehenden Ohren brachten dem schmächtigen Jungen den Namen »Elefantino«, kleiner

EXTRA:
DER TOUR-SIEGER
MARCO PANTANI

Elefant, ein. Der Junge zog sich zurück und ging oft seine eigenen Wege. Er wurde einsilbig und wehleidig. Pantani war auf der Suche nach einer beschützenden Vaterfigur, die er erst im Radsport fand. Italiens Radstar Claudio Chiapucci wurde sein Mentor und schirmte ihn gegen alle spöttischen Bemerkungen der Kollegen ab.

Sturzpilot

Pantani wurde bereits 1994 Dritter der Tour de France und gewann ein Jahr später zwei schwere Bergetappen. Einige furchtbare Unfälle gefährdeten mehrmals die Fortsetzung seiner Karriere. Im Herbst 1995 prallte er beim Rennen Mailand-Turin frontal gegen einen Jeep. Er brach sich mehrfach das Bein, zog sich schwerste Hüftverletzungen zu. Nur mit Hilfe seines Physiotherapeuten Fabrizio und seiner Freundin Christina gelang ihm das Comeback. Nach 18 Monaten Pause startete er beim Giro d'Italia 1997 – und stürzte am Ende der 8. Etappe bei einer Abfahrt über eine Katze.

Modellathlet

Marco Pantani ist nur 55 Kilogramm schwer. Dennoch erreicht er bei Ergometertests eine Leistungsfähigkeit von 400 Watt. Das sind 7,3 Watt pro Kilo – einmalig unter den Rennfahrern. Sein Lungenvolumen von 5,6 Litern, ein Ruhepuls von 36 und der Körperfettanteil von nur vier Prozent – normalerweise 15 Prozent – garantieren ihm ungewöhnlich natürliche Voraussetzungen für seine wilden Angriffe in den Bergen. Als erstem Fahrer nach Miguel Indurain 1993 gelingt Marco Pantani ein Sieg bei den beiden schwersten Rundfahrten der Welt. »Pantastico!«

Telegramm: Die Tour ist endgültig entschieden – Marco Pantani verteidigt einen Vorsprung von 3:21 Minuten – Regen und Wind erschweren das Rennen – Jan Ullrich gewinnt seine dritte Etappe und verbessert sich auf Platz zwei – Bobby Julich fällt auf Platz drei zurück.

Nochmals alles aus sich herausgeholt!

Dieses Zeitfahren war der letzte harte Arbeitstag in Frankreich für mich. Am Morgen habe ich mir noch die Strecke angesehen, aber nur vom Auto aus. Der Kurs gefiel mir, er war zwar wellig, aber man würde große Gänge fahren können. Ich hoffte nur, daß der Regen nachlassen würde. Es goß in Strömen, als ich am Morgen aus dem Hotelfenster gesehen hatte. Nach der Wärme der letzten Tage ist es plötzlich empfindlich kühl geworden. Ein Wetter, das ich überhaupt nicht mag.

Ich ging als Drittletzter ins Rennen. Christian Henn und Jens Heppner hatten das Zeitfahren schon hinter sich und

1. AUGUST: 20. ETAPPE MONTCEAU-LES-MINES–LE CREUSOT, 52 KM

gaben mir letzte Tips. Vor allem Christian machte mir Mut, weil er meinte, dieser Kurs müßte mir sehr entgegenkommen. Als ich losfuhr, regnete es immer noch. Ich habe mich mit dem Gedanken getröstet, daß Bobby Julich und Marco Pantani

Auf einer Woge der Begeisterung.

mit den gleichen Bedingungen fertig werden müßten. Nach der ersten Zwischenzeit nach etwas mehr als 16 Kilometern ahnte ich, daß alles nach Plan verlaufen könnte. Ich hatte Julich in der Gesamtwertung bereits überholt, auf Pantani aber nur 45 Sekunden gutgemacht. Das würde nicht mehr reichen für das Gelbe Trikot. Wie erwartet.

Trotzdem fuhr ich meinen Rhythmus weiter. Vor allem die letzten Kilometer wurden brutal schwer. In Le Creusot ging es noch einmal eine richtige Steigung hinauf. Mir wurde richtig schwarz vor Augen. Dann war das Ziel da. Ich war fix und fertig, mußte mich sogar erbrechen. Unser Pfleger Aldis brachte mich in den Wohnwagen hinter der Tribüne. Dort habe ich neue Sachen bekommen und mich auf die Siegerehrung vorbereitet. Als mich Aldis abtrocknete, spürte ich, wie die Erschöpfung langsam wich und sich gleichzeitig Freude breitmachte. Jetzt habe ich drei Etappen gewonnen und werde wohl am Ende Zweiter werden. Ich gebe zu, daß es mich nach wie vor ärgert, wie ich in den Alpen den Tour-Sieg an Pantani verloren habe. Aber dieser Erfolg beim Zeitfahren ist mehr als ein Trost. Er ist eine Bestätigung für mich, daß ich doch noch in die richtige Tour-Form gekommen bin.

Es ist Samstagabend. Das war der vorletzte Tag dieser Tour de France. Ich habe gerade mit Gaby telefoniert. Sie ist schon in Paris und wartet dort auf mich. Ich freue mich sehr, sie morgen endlich wiederzusehen. Und ich freue mich ehrlich, daß die Tour morgen vorbei ist.

112

Telegramm: Nur 96 Fahrer erreichen das Ziel in Paris – Nach 33 Jahren gewinnt mit Marco Pantani wieder ein Italiener – Vorjahressieger Jan Ullrich wird Zweiter – Die letzte Etappe auf den Champs Élysées gewinnt Tom Steels – Erik Zabel erobert zum dritten Mal nacheinander das Grüne Sprintertrikot – Bester Kletterer wird der Franzose Christoph Rinero.

Endlich das Ziel vor Augen!

Es ist ein einmaliges Gefühl, wenn man nach 3700 Kilometern auf die Champs Élysées von Paris fährt und noch zwölf Runden vor einem gigantischen Publikum dreht. Man spürt, daß man etwas geleistet hat, vergißt die Erschöpfung der letzten Tage, denkt an liebe Menschen, die auf einem im Ziel warten. Nach meinem Eindruck waren es dieses Jahr etwas weniger Leute hinter den Straßenabsperrungen als in den letzten beiden Jahren. Ob das am schlechteren Wetter oder den Doping-Affären der letzten drei Wochen lag, kann ich nicht mit Sicherheit sagen. Wir fahren Runde um Runde, hören den Jubel, und diese Gänsehaut will gar nicht mehr weggehen.

2. AUGUST: 21. ETAPPE MELUN–PARIS, 147,5 KM

Die drei Erstplazierten der 85. Tour de France auf dem Siegerpodest in Paris: Jan Ullrich (2.), Marco Pantani (1.) und Bobby Julich(3.).

Ich bin froh und irgendwie erleichtert, daß die Tour de France zu Ende ist. Dieses Rennen hat dem Radsport geschadet. Nur die Hälfte der Fahrer, die mit uns am 11. Juli in Irland gestartet sind, erreichte das Ziel in Paris. Einige, wie Chris Boardman, Abraham Olano oder Francesco

Casagrande, sind gestürzt. Andere, wie Mario Cipollini,
haben aufgegeben. Aber die meisten sind nicht mehr dabei,
weil sie wegen des Doping-Skandals ausgeschlossen, zurück-
beordert oder sogar festgenommen wurden. So etwas darf
sich nicht wiederholen. Ich hoffe, daß der Radsport-Weltver-
band und die Organisation der Tour de France dieses Ren-
nen bis zum nächsten Jahr aus der Krise führen können.
Und ich hoffe besonders, daß man sich später nicht nur an
EPO, Gefängnis und Streiks erinnert, wenn von der Tour de
France 1998 die Rede ist.
Das hätte vor allem Marco Pantani verdient. Es wäre unge-
recht, wenn er nur als Sieger der »Doping-Tour« in die Ge-
schichte eingeht. Marco war der Beste, da gibt es keine Dis-
kussion. Die schwersten Etappen in den Bergen hat er domi-
niert. Keiner konnte ihm folgen, leider auch ich nicht. Des-
halb hat er absolut verdient gewonnen. Ich hatte überhaupt
keine Probleme, ihm auf dem Podium herzlich zu gratulie-
ren.
Für mich beginnt nach der Tour kein Urlaub. Noch lange
nicht. Ich werde die Weltcup-Rennen in der Schweiz, in Spa-
nien und vor allem in Deutschland bestreiten. In Hamburg
habe ich schließlich im letzten Jahr sogar gewonnen. Und
dann habe ich zusammen mit meinem Trainer Peter Becker
und mit Rudy Pevenage entschieden, daß ich in diesem Jahr
an der Weltmeisterschaft teilnehmen werde. Mit gründlicher
Vorbereitung bei der Vuelta in Spanien. Mein Urlaub kommt
erst später und wird auch kürzer ausfallen als vor einem
Jahr. Dann steht schon wieder der Winter vor der Tür, und
es beginnt das Training. Auf Wiedersehen in Frankreich
1999!

Ihr Jan Ullrich

STATISTIK

DIE TEAMS
*Neuprofis

Team Deutsche Telekom
RIIS, Bjarne
ULLRICH, Jan
ZABEL, Erik
ALDAG, Rolf
BALDINGER, Dirk
BLAUDZUN, Michel
BÖLTS, Udo
DIETZ, Bert
FRATTINI, Francesco
HENN, Christian
HEPPNER, Jens
HUNDERMARK, Kai
LOMBARDI, Giovanni
*MÖLLER, Dirk
*SCHAFFRATH, Jan
TOTSCHNIG, Georg
WESEMANN, Steffen

ASICS
NOE, Andrea
SCINTO, Luca
COPPOLILLO
ROSCIOLI, Fabio
BETTINI, Paolo
SIMEONI, Fillipo
CHEFER, Alexandre
COLONNA, Federico
*MALBERTI, Fabio
POZZI, Oscar
TANI, David
FERRARI, Diego
BIANCHI, Carlo Marino
SCHIAVINA, Samuele
*BIANCHINI, Cristian
BONETTI, Enrico
BONGIONI, Alessio
TURICCHIA, Alain

BANESTO
OLANO, Abraham
JIMENEZ, José-Marie
ALONSO, Marino
ARRIETA, José-Luis
BARBOSA, Candido
BELTRAN-MARTINEZ, Manuel
DE LAS CUEVAS, Armand
FERNANDEZ-GINES, Manuel
GARCIA-ACOSTA, José-Vicente
GARMENDIA, Aitor
HUNT, Jeremy
*JIMENEZ, Eladio
*LASTRAS, Pablo
*LATASA, David
*MANCEBO, Francisco
*NAVAS, Francisco
ODRIOZOLA, Jon
OSA, Aïtor
OSA, Unaï
PENA, Miguel-Angel
RODRIGUES, Orlando
SOLAUN, César

BIG MAT Auber 93
*AUGER, Guillaume
AUGER, Ludovic
BERGES, Stéphane
BORDENAVE, Philippe
BOURGUIGNON, Thierry
DACRUZ, Carlos
DJAVANIAN, Viatcheslav
GENTY, Laurent
HATTON, Sébastien
HENRY, Jean-Jacques
LEBRETON, Lylian
LINO, Pascal
RAVALEU, Stephan
SIVAKOV, Alexei
SWEET, Jay

CASINO
RICHARD, Pascal
HAMBERGER, Bo
MASSI, Rodolfo
CHANTEUR, Pascal
AGNOLUTTO, Christophe
AUS, Lauri
BARTHE, Stéphane

BESSY, Frédéric
BOUVARD, Gilles
CALI, Vincent
DURAND, Jacky
ELLI, Alberto
GOUGOT, Fabrice
JAERMANN, Rolf
KASPUTIS, Arturas
KIRSIPUU, Jan
LEFEVRE, David
ORIOL, Christophe
SALGIARI, Marco
SALMON, Benoit
STREEL, Marc
VINOKOUROV, Alexander

COFIDIS
CASAGRANDE, Francesco
MEIER, Roland
FONDRIEST
BERTOLINI, Alessandro
JALABERT, Nicolas
JULICH, Bobby
GAUMONT, Philippe
THIBOUT, Bruno
LELLI, Massimiliano
LIVINGSTON, Kevin
SAUGRAIN, Cyril
DESBIEN, Laurent
PLAZA, David
MOREAU, Francis
GWIAZDOWSKI
CAPELLE, Christophe
RINERO, Christophe
MILAR, David
MONCOUTIE, David
GOUBERT, Stéphane
*PLUOHINEC, Samuel
TOURNANT, Arnaud
*LE QUELLEC, Vincent
*GANE, Laurent
*DELBOVE, Jérôme

FESTINA-LOTUS
BORTOLAMI, Gianluca
BROCHARD, Laurent
VIRENQUE, Richard
ZULLE, Alex

BASSONS, Christophe
BELLI, Wladimir
BOSCARDIN, Bruno
DUFAUX, Laurent
GARCI CASAS, Felix
HAGLAND, Paul
HERNANDEZ BERTRAN,
  Jaime Javier
HERVE, Pascal
JEKER, Fabian
KIMLEV, Andrëi
*KORF, André
LAURENT, Thierry
LEFEVRE, Laurent
MEDAN, Sébastian
MEIER, Armin
MOREAU, Christophe
ROUS, Didier
STEPHENS, Neil
*URIARTE ZUBERO, José
  Ramon
WUST, Marcel

GAN
BOARDMAN, Chris
MONCASSIN, Frédéric
VOGELS, Henk
BACKSTEDT, Magnus
BOS, Cyril
GONO, Marcel
HINAULT, Sébastian
JENNER, Christopher
LANGELLA, Anthony
O'GRADY, Stuart
PERRAUDEAU, Olivier
PETILLEAU, Stéphane
POLI, Eros
PRETOT, Arnauld
SEIGNEUR, Eddy
SIMON, François
VASSEUR, Cédric
VOGELS, Henk
VOIGT, Jens

KELME-COSTA BLANCA
ESCARTIN, Fernando
HERAS, Roberto
SERRANO, Marcos

RUBIERA, José Luis
CONTRERAS, Alberto
GONZALES, Pico
EDO, Angel
GONZALES CAPILLA,
  Santos
GARCIA CAMACHO,
  Ignacio
CABELLO, Francisco
PASCUAL, Javier
RODRIGUEZ GARCIA, J.
GOMEZ GONZALO,
  Javier
GONZALES, Arsenio
MARTIN PERIDIGUERO,
  Angel
VIDAL, José-Angel
DE LOS ANGELES, Juan
  José
GALVAN, Ruben
HERNANDEZ, Eduardo
OCHOA, Javier
RIBERA, Daniel
RODRIGUEZ, Severeo
*GUTIERREZ, José-
  Enrique
*SEVILLA, Oscar

LA FRANCAISE DES JEUX
GIANETTI, Mauro
SCIANDRI, Maximilian
HEULOT, Stéphane
MAGNIEN, Emmanuel
GUESDON, Frédéric
MENGIN, Christophe
BERZIN, Evgueni
LEDANOIS, Yvon
JAN, Xavier
PERON, Andrea
NAZON, Damien
HORNER, Christopher
MORIN, Anthony
BOUYER, Franck
MORELLE, Franck
VOGONDY, Nicolas
NAZON, Jean-Patrick
*McGEE, Bradley
*D'HONDT, Patrick

*CASPER, Jimmy
*PERQUE, Franck

LOTTO-MOBISTAR
TCHMIL, Andrei
PLANCKAERT, Jo
MADOUAS, Laurent
DIERCKXSENS, Ludo
TERIOUK, Andrei
VAN De WOUWER, Kurt
FARZIJN, Peter
VERBRUGGHE, Rik
AERTS, Mario
FEYS, Wim
PEERS, Chris
DETILLOUX, Christophe
EECKHOUT, Nico
MARICHAL, Thierry
LAUKKA, Joona
VERHEYEN, Geert
DE WOLF, Steve
WILLEMS, Ludwig
DE WAELE, Fabien
*VANDENBROUCKE,
  Jean-Denis

MAPEI-BRICOBI
BUGNO, Gianni
BALLERINI, Franco
MUSEEUW, Johan
STEELS, Tom
TAFI, Andrea
BRAMATI, Davide
CAMENZIND, Oscar
*CODAL, Massimo
DI GRANDE, Giuseppe
FARESIN, Gianni
*FRUTTI, Matteo
LANFRANCHI, Paolo
LEYSEN, Bart
MATTAN, Nico
MISSAGLIA, Gabriele
NARDELLO, Daniele
PEETERS, Wilfried
PIANEGONDA, Gianluca
SPRUCH, Zbigniew
SVORADA, Jan
TONKOV, Pavel
ZANINI, Stefano

MERCATONE UNO
PANTANI, Marco
BARBERO, Sergio
KONYSHEV, Dimitri
TRAVERSONI, Mario
CONTI, Roberto
GARZELLI, Stefano
PODENZANA, Massimo
VELO, Marco
BORGHERISI, Simone
PELLICOLI, Oscar
SIBONI, Marcello
FORCONI, Riccardo
ARTUNGHI, Marco
CHECCHIN, Stefano
FONTANELLI, Fabio
PIOVACCARI, Giusvan
DALL'OLIO, Davide
*NAPOLITANO,
   Massimiliano

O.N.C.E.
BRUYNEEL, Johan
JALABERT, Laurent
MAURI, Melchor
BARRIGON, Josue
CANADA, David
CUESTA, Inigo
DIAZ DE OTAZU, Luis
   Maria
DIAZ ZABALA, Hermino
ETXEBARRIA, David
GARCIA, Francisco Jose
GARCIA, Marcelino
LEANIZBARRUTIA,
   Alberto (Sp)
MAULEON, Francisco
   Xavier
MORROS, Miguel
OTXOA, Ricardo
PEREZ, Luis
*SASTRE, Carlos
SIERRA, Roberto
ZARRABEITIA, Mikel

RABOBANK
LUTTENBERGER, Peter
SORENSEN, Rolf
ZBERG, Beat

VAN BON, Leon
BOOGERD, Michael
BOVEN, Jan
*BRUINSMA, Johan
DEKKER, Erik
DEN BAKKER, Martin
GROENENDAAL, Richard
*HIEMSTRA, Bert
*JONASSON, Danny
JONKER, Patrick
KOERTS, Jan
*LOTZ, Marc
MC EWEN, Robbie
MOERENHOUT, Koos
VAN DER POEL, Adri
VAN HEESWIJK, Max
VIERHOUTEN, Aart
WAUTERS, Marc

**RISO SCOTTI-MG
MAGLIFICIO**
MINALI, Nicola
CARUSO, Roberto
MICELI, Nicola
BALDATO, Fabio
BOBRIK, Vladislav
CENGHIALTA, Bruno
*FERRARI, Riccardo
BRIGNOLI, Ermanno
PISTORE, Roberto
DE BENI, Federico
BROGNARA, Andrea
CASAGRANDE, Stefano
*DI LUCA, Danilo
SPEZIALETTI, Alessandro
CHARRIÈRE, Christian
*REZZANI, Michele
*DI BIASE, Moreno
*PALUMBO, Guiseppe

SAECO
CIPOLLINI, Mario
GOTTI, Ivan
BUSCHOR, Philipp
CALCATERRA, Giuseppe
*COMMESSO, Salvatore
DONATI, Massimo
FAGNINI, Gian Matteo
FAVERIO, Riccardo

FORNACIARI, Paolo
FRIGO, Dario
KOKORINE, Vitalij
MAZZOLENI, Eddy
SAVODELLI, Paolo
MORI, Massimiliano
*MORSCHER, Harold
MOOS, Alexander
PADRNOS, Pavel
PETITO, Roberto
PIEPOLI, Leonardo
SCIREA, Mario
RICH, Michael

TEAM POLTI
REBELLIN, Davide
LEBLANC, Luc
GUIDI, Fabrizio
GUERINI, Giuseppe
CELESTINO, Mirko
MERCKX, Axel
MARTINELLO, Silvio
VALOTI, Gianluca
GUALDI, Mirko
SALVATO, Cristian
JAKSCHE, Jörg
SACCHI, Fabio
CASSANI, Enrico
ROKIA, Anthony
BRASI, Rossano
CREPALDI, Mirko
COLLEONI, Cristian
GUIDI, Leonardo
ATIENZA, Daniel
ZINETTI, Mauro

T.V.M.-FARM FRITES
BLIJLEVENS, Jeroen
ROUX, Laurent
MICHAELSEN, Lars
VAN PETEGEM, Peter
ANDERSSON, Michael
*ASMAKER, Laurent
CAPIOT, Johan
DE JONGH, Steven
DUBBLEDAM, Davy
HOFFMAN, Tristan
IVANOV, Serguei
KNAVEN, Servais

LAFIS, Michel
LARSEN, Bo
MOLLER, Claus-Michael
OUTSCHAKOV, Sergui
VAN BONDT, Geert
VAN DIJCK, Hendrik
*VAN KESSEL, Miguel
VOSKAMP, Bart
*VRIES, Peter

US POSTAL SERVICE
JEKIMOV, Wjatscheslaw
MEINERT-NIELSEN, Peter
BARANOWSKI, Dariusz
VAUGHTERS, Jonathan
ROBIN, Jean-Cyril
JEMISON, Marty
HINCAPIE, George
TEUTENBERG, Sven
HAMILTON, Tyler
ANDREU, Frankie
DERAMÉ, Pascal
ARMSTRONG, Lance
VILLATORA, Anton
LLANERAS, Juan

VITALICIO SEGUROS
DOMINGUEZ, Juan
  Carlos
CLAVERO, Daniel
FERRIGATO, Andrea
BLANCO, Santiago
CASERO, Angel Luis
SMETANINE, Serguei
AGGIANO, Elio
BENITEZ, Francisco
STEINHAUSER, Tobias
ZINTCHENKO, Andrei
BUENAHORA, Hernan
GONZALEZ DE HERE-
  DIA, Inigio
GARCIA, David
INDURAIN, Prudencio
APARICIO, Vicente
*GARCIA, Francisco
  Tomas
SALMERON, Gines
RINCON, Oilvero
*FREIRE, Oscar

*HORRILLO, Pedro
*MANCHON, Ernesto
*MERCADO, Juan
  Miguel

Tour-Geschichte

1903	Maurice Garin	(F)
1904	Henri Cornet	(F)
1905	Louis Trousselier	(F)
1906	René Pottier	(F)
1907	Lucien Petit-Breton	(F)
1908	Lucien Petit-Breton	(F)
1909	François Faber	(LUX)
1910	Octave Lapize	(F)
1911	Gustave Garrigou	(F)
1912	Odile Defraye	(F)
1913	Philippe Thys	(B)
1914	Philippe Thys	(B)
1919	Firmin Lambot	(B)
1920	Philippe Thys	(B)
1921	Léon Scieur	(B)
1922	Firmin Lambot	(B)
1923	Henri Pélissier	(F)
1924	Ottavio Bottecchia	(I)
1925	Ottavio Bottecchia	(I)
1926	Lucien Buysse	(B)
1927	Nicolas Frantz	(LUX)
1928	Nicolas Frantz	(LUX)
1929	Maurice Dewaele	(B)
1930	André Leducq	(F)
1931	Antonin Magne	(F)
1932	André Leducq	(F)
	2. Kurt Stöpel	**(D)**
1933	Georges Speicher	(F)
1934	Antonin Magne	(F)
1935	Romain Maes	(B)
1936	Sylvère Maes	(B)
1937	Roger Lapébie	(F)
1938	Gino Bartali	(I)
1939	Sylvère Maes	(B)
1947	Jean Robic	(F)
1948	Gino Bartali	(I)
1949	Fausto Coppi	(I)
1950	Ferdy Kübler	(SUI)
1951	Hugo Koblet	(SUI)
1952	Fausto Coppi	(I)
1953	Louison Bobet	(F)
1954	Louison Bobet	(F)
1955	Louison Bobet	(F)
1956	Roger Walkowiak	(F)
1957	Jacques Anquetil	(F)
1958	Charly Gaul	(LUX)
1959	Fédérico Bahamontes	(ESP)
1960	Gastone Nencini	(I)
1961	Jacques Anquetil	(F)
1962	Jacques Anquetil	(F)
1963	Jacques Anquetil	(F)
1964	Jacques Anquetil	(F)
1965	Felice Gimondi	(I)
1966	Lucien Aimar	(F)
1967	Roger Pingeon	(F)
1968	Jan Janssen	(NL)
1969	Eddy Merckx	(B)
1970	Eddy Merckx	(B)
1971	Eddy Merckx	(B)
1972	Eddy Merckx	(B)
1973	Luis Ocaña	(ESP)
1974	Eddy Merckx	(B)
1975	Bernard Thévenet	(F)
1976	Lucien van Impe	(B)
1977	Bernard Thévenet	(F)
1978	Bernard Hinault	(F)
1979	Bernard Hinault	(F)
1980	Joop Zoetemelk	(NL)
1981	Bernard Hinault	(F)
1982	Bernard Hinault	(F)
1983	Laurent Fignon	(F)
1984	Laurent Fignon	(F)
1985	Bernard Hinault	(F)
1986	Greg LeMond	(USA)
1987	Stephen Roche	(IRL)
1988	Pedro Delgado	(ESP)
1989	Greg LeMond	(USA)
1990	Greg LeMond	(USA)
1991	Miguel Indurain	(ESP)
1992	Miguel Indurain	(ESP)
1993	Miguel Indurain	(ESP)
1994	Miguel Indurain	(ESP)
1995	Miguel Indurain	(ESP)
1996	Bjarne Riis	(DEN)
	2. Jan Ullrich	**(D)**
1997	**Jan Ullrich**	**(D)**

Anmerkungen:
In den Jahren 1905-1911 wurde der Gesamtsieger nach Punkten und nicht nach Zeit ermittelt. Keine Rennen in den Jahren 1915-1918, 1940-1946.

ERGEBNISSE DER 85. TOUR DE FRANCE

Prolog, Dublin (5,7 km)
1. Chris Boardman (Gbr/GAN), 6:12 min. (Durchschnitt: 54,193 km/h), 2. Abraham Olano (Spa/BAN) 00:04, 3. Laurent Jalabert (Fra/ONC) 00:05, 4. Bobby Julich (USA/COF) 00:05, 5. Christophe Moreau (Fra/FES) 00:05, 6. Jan Ullrich (Ger/TEL) 00:05, 7. Alex Zülle (Swi/FES) 00:07, 8. Laurent Dufaux (Swi/FES) 00:09, 9. Andrej Tchmil (Bel/LOT) 00:10, 10. Wjatscheslaw Jekimov (Rus/USP) 00:11

Grünes Trikot
1. Abraham Olano 15 Punkte (weil Boardman – 15 Punkte – in Gelb fährt)
Gesamtmannschaft
1. Festina 18:57min

1. Etappe, Dublin–Dublin (180 km)
1. Tom Steels (Bel/MAP), 4:29:58 h (Durchschnitt: 40,116 km/h), alle folgenden Fahrer werden mit einer Zeit gewertet: 2. Erik Zabel (Ger/TEL) 00:00, 3. Robbie Mc Ewen (Aus/RAB) 00:00, 4. Gianmatteo Fagnini (Ita/SAE) 00:00, 5. Nicola Minali (Ita/RIS) 00:00, 6. Frédéric Moncassin (Fra/GAN) 00:00, 7. Philippe Gaumont (Fra/COF) 00:00, 8. Mario Traversoni (Ita/MER) 00:00, 9. François Simon (Fra/GAN) 00:00, 10. Jan Svorada (Tch/MAP) 00:00

Gesamteinzel
1. Chris Boardman 4:36:10, 2. Abraham Olano 00:04, 3. Laurent Jalabert 00:05, 6. Jan Ullrich 00:06, 8. Erik Zabel 00:08, 24. Bjarne Riis 00:14 43. Rolf Aldag 00:20, 85. Jens Heppner 00:27, 92. Georg Totschnig 00:29 115. Udo Bölts 00:32, 153. Francesco Frattini 00:41, 167. Christian Henn 00:47

Grünes Trikot
Tom Steels 35 Punkte
Gepunktetes Trikot
1. Stefano Zanini 10 Punkte
Gesamtmannschaft
1. Festina 13:48:51

2. Etappe, Enniscorthy–Cork (200 km)
1. Jan Svorada (Tch/MAP), 5:45:10 h (Durchschnitt: 35,721 km/h), 2. Robbie Mc Ewen (Aus/RAB) 00:00, 3. Mario Cipollini (Ita/SAE) 00:00, 4. Alain Turicchia (Ita/ASI) 00:00, 5. Tom Steels (Bel/MAP) 00:00, 6. Emmanuel Magnien (Fra/FDJ) 00:00, 7. Jaan Kirsipuu (Est/CSO) 00:00, 8. Nicola Minali (Ita/RIS) 00:00, 9. Jeroen Blijlevens (P-B/TVM) 00:00, 10. Silvio Martinello (Ita/PLT) 00:00,

Gesamteinzel
1. Erik Zabel 10:21:16, 2. Tom Steels 00:07, 3. Frederic Moncassin 00:07, 8. Jan Ullrich 00:09, 25. Bjarne Riis 00:18, 44. Rolf Aldag 00:24, 82. Jens Heppner 00:31, 88. Georg Totschnig 00:32, 110. Udo Bölts 00:36, 147. Francesco Frattini 00:45, 160. Christian Henn 00:51

Grünes Trikot
1. Tom Steels 63 Punkte
Gepunktetes Trikot
1. Stefano Zanini 16 Punkte
Gesamtmannschaft
1. Festina 31:04:21

3. Etappe, Roscoff–Lorient (171 km)
1. Jens Heppner (Ger/TEL), 3:33:36 h (Durchschnitt: 47,471 km/h), 2. Xavier Jan (Fra/FDJ) 00:00, 3. George Hincapie (USA/USP) 00:02, 4. Bo Hamburger (Dan/CSO) 00:02, 5. Stuart O'Grady (Aus/GAN) 00:02, 6. Vicent Garcia-Acosta (Esp/BAN) 00:02, 7. Pascal Hervé (Fra/FES) 00:02, 8. Francisco Cabello (Esp/KEL)

00:02, 9. Pascal Chanteur (Fra/CSO)
00:05, 10. Fabrizio Guidi (Ita/PLT) 01:10

Gesamteinzel
1. Bo Hamburger 13:55:00, 2. George
Hincapie 00:02, 3. Stuart O'Grady
00:03, 4. Jens Heppner 00:03, 10.
Erik Zabel 01:02, 17. Jan Ullrich 01:11,
33. Bjarne Riis 01:20, 48. Rolf Aldag
01:26, 86. Georg Totschnig 01:34,
106. Udo Bölts 01:38, 136. Francesco
Frattini 01:47, 147. Christian Henn
01:53

Grünes Trikot
1. Jan Svorada 71 Punkte
Gepunktetes Trikot
1. Pascal Hervé 28 Punkte
Gesamtmannschaft
Casino 41:46:59

4. Etappe, Plouay–Cholet (248 km)
1. Jeroen Blijlevens (Ned/TVM)
5:48:32 h (Durchschnitt: 43.381
km/h), 2. Nicola Minali (Ita/RIS) 00:00,
3. Jan Svorada (Cze/MAP) 00:00,
4. Frederic Moncassin (Fra/GAN)
00:00, 5. Andrej Tchmil (Bel/LOT)
00:00, 6. Erik Zabel (Ger/TEL) 00:00,
7. Tom Steels (Bel/MAP) 00:00, 8. Lars
Michaelsen (Den/TVM) 00:00, 9.
Maximilian Sciandri (Gbr/FDJ) 00:00,
10. Fabio Baldato (Ita/RIS) 00:00

Gesamteinzel
1. Stuart O'Grady 19:43:29, 2. Bo
Hamburger 00:11, 3. George Hincapie
00:11, 4. Jens Heppner 00:14, 10. Erik
Zabel 01:22, 22. Jan Ullrich 01:22,
31. Bjarne Riis 01:29, 46. Rolf Aldag
01:37, 83. Georg Totschnig 01:45,
104. Udo Bölts 01:49, 130. Francesco
Frattini 01:58, 140. Christian Henn
02:04

Grünes Trikot
1. Jan Svorada 99 Punkte
Gepunktetes Trikot
1. Pascal Hervé 34 Punkte
Gesamtmannschaft
Casino 59:12:59

5. Etappe, Cholet–Châteauroux (227 km)
1. Mario Cipollini (Ita/SAE), 5:18:49 h
(Durchschnitt: 43,002 km/h), 2. Erik
Zabel (Ger/TEL) 00:00,3, Christophe
Mengin (Fra/FDJ) 00:00, 4. Andrea
Ferrigato (Ita/VIT) 00:00, 5. Philippe
Gaumont (Fra/COF) 00:00, 6. Robbie
Mc Ewen (Aus/RAB) 00:00, 7. George
Hincapie (USA/USP) 00:00, 8. Fabrizio
Guidi (Ita/PLT) 00:00, 9. Frédéric Mon-
cassin (Fra/GAN) 00:00, 10. Alessío
Bongioni (Ita/ASI) 00:00

Gesamteinzel
1. Stuart O'Grady 25:02:18, 2. George
Hincapie 00:07, 3. Bo Hamburger
00:11, 4. Jens Heppner 00:14, 9. Erik
Zabel 00:45, 22. Jan Ullrich 01:22,
31. Bjarne Riis 01:29, 47. Rolf Aldag
01:37, 84. Georg Totschnig 01:45,
105. Udo Bölts 01:49, 130. Francesco
Frattini 01:58, 139. Christian Henn
02:04

Grünes Trikot
1. Erik Zabel 125 Punkte
Gepunktetes Trikot
1. Pascal Hervé 34 Punkte
Gesamtmannschaft
Casino 75:09:26

6. Etappe, La Châtre–Brive-la-Gaillarde (210 km)
1. Mario Cipollini (Ita/SAE), 5:05:32 h
(Durchschnitt: 40,159 km/h), 2. Nicola
Minali (Ita/RIS) 00:00, 3. Jan Svorada
(Tch/MAP) 00:00, 4. Frédéric Moncas-
sin (Fra/GAN) 00:00, 5. Erik Zabel
(Ger/TEL) 00:00, 6. Tom Steels
(Bel/MAP) 00:00, 7. Mario Traversoni
(Ita/MER) 00:00, 8. Jeroen Blijlevens
(P-B/TVM) 00:00, 9. Emmanuel
Magnien (Fra/FDJ) 00:00, 10. George
Hincapie (USA/USP) 00:00

Gesamteinzel
1. Stuart O'Grady 30:07:48, 2. George
Hincapie 00:09, 3. Bo Hamburger
00:13, 4. Jens Heppner 00:16, 9. Erik
Zabel 00:43, 22. Jan Ullrich 01:24

31. Bjarne Riis 01:31, 48. Rolf Aldag
01:39, 83. Georg Totschnig 01:47,
102. Udo Bölts 01:51, 126. Francesco
Frattini 02:00, 135. Christian Henn
02:06

Grünes Trikot
1. Eric Zabel 151 Punkte.
Gepunktetes Trikot
1. Pascal Hervé 47 Punkte
Gesamtmannschaft
Casino 90:26:02

7. Etappe, Meyrignac-l'Église–Corrèze (58 km)
1. Jan Ullrich (Ger/TEL), 1:15:25 h
(Durchschnitt: 46,143 km/h), 2. Tyler
Hamilton (USA/USP) 01:10, 3. Bobby
Julich (USA/COF) 01:18, 4. Laurent
Jalabert (Fra/ONC) 01:24, 5. Wjatscheslaw Jekimov (Rus/USP) 01:40,
6. Abraham Olano (Esp/BAN) 02:13,
7. Jewgenij Berzin (Rus/FDJ) 02:21,
8. Francesco Casagrande (Ita/COF)
02:22, 9. Stéphane Heulot (Fra/FDJ)
02:22, 10. Bo Hamburger (Dan/CSO)
02:29

Gesamteinzel
1. Jan Ullrich 31:24:37, 2. Bo Hamburger 01:18, 3. Bobby Julich 1:18,
10. Jens Heppner 02:17, 18. Georg
Totschnig 03:47, 20. Bjarne Riis 03:51,
58. Erik Zabel 05:51, 66. Rolf Aldag
06:16, 79. Udo Bölts 06:57, 108. Christian Henn 08:09, 131. Francesco Frattini 09:58

Grünes Trikot
1. Erik Zabel 151 Punkte
Gepunktetes Trikot
1. Stefano Zanini 16 Punkte
Gesamtmannschaft
Team Telekom 94:19:44

8. Etappe, Brive-la-Gaillarde–Montauban (189 km)
1. Jacky Durand (Fra/CSO), 4:40:55 h
(Durchschnitt: 40,688 km/h), 2. Andrea Tafi (Ita/MAP) 00:00, 3. Fabio
Sacchi (Ita/PLT) 00:00, 4. Eddy Mazzo-

leni (Ita/SAE) 00:00, 5. Laurent Desbi-
ens (Fra/COF) 00:00, 6. Joona Laukka
(Fin/LOT) 00:00, 7. Philippe Gaumont
(Fra/COF) 01:34, 8. Erik Zabel
(Ger/TEL) 07:45, 9. Serguei Ivanov
(Rus/TVM) 07:45, 10. Jan Svorada
(Tch/MAP) 07:45

Gesamteinzel
1. Laurent Desbiens 36:09:56, 2. Andrea Tafi 00:14, 3. Jacky Durand 00:43,
5. Jan Ullrich 03:21, 14. Jens Heppner
05:38, 24. Georg Totschnig 07:08,
26. Bjarne Riis 07:14, 58. Erik Zabel
09:06, 69. Rolf Aldag 09:37, 82. Udo
Bölts 10:18, 110. Christian Henn 11:30,
131. Francesco Frattini 13:19

Grünes Trikot
1. Erik Zabel 175 Punkte
Gepunktetes Trikot
1. Stefano Zanini 26 Punkte
Gesamtmannschaft
Cofidis 108:33:26

9. Etappe, Montauban–Pau (224 km)
1. Leon Van Bon (P-B/RAB), 5:21:10 h
(Durchschnitt: 39,231 km/h), 2. Jens
Voigt (Ger/GAN) 00:00, 3. Massimilia-
no Lelli (Ita/COF) 00:00, 4. Christophe
Agnolutto (Fra/CSO) 00:00, 5. Erik
Zabel (Ger/TEL) 00:12, 6. Robbie Mc
Ewen (Aus/RAB) 00:12, 7. Tom Steels
(Bel/MAP) 00:12, 8. Mario Traversoni
(Ita/MER) 00:12, 9. François Simon
(Fra/GAN) 00:12, 10. Lars Michaelsen
(Dan/TVM) 00:12

Gesamteinzel
1. Laurent Desbiens 41:13:18, 2. Andrea Tafi 00:14, 3. Jacky Durand 00:43
5. Jan Ullrich 03:21, 13. Jens Heppner
05:38, 23. Georg Totschnig 07:08,
25. Bjarne Riis 07:12, 56. Erik Zabel
09:06, 65. Rolf Aldag 09:37, 78. Udo
Bölts 10:18, 103. Christian Henn
11:30, 121. Francesco Frattini 13:19

Grünes Trikot
1. Erik Zabel 197 Punkte

Gepunktetes Trikot
1. Jens Voigt 36 Punkte
Gesamtmannschaft
Cofidis 124:37:20

10. Etappe, Pau–Luchon (197 km)
1. Rodolfo Massi (Ita/CSO), 5:49:40 h (Durchschnitt: 33,717 km/h), 2. Marco Pantani (Ita/MER) 00:36, 3. Michaël Boogerd (Ned/RAB) 00:59, 4. Bobby Julich (USA/COF) 00:59, 5. Giuseppe Di Grande (Ita/MAP) 00:59, 6. Jose Maria Jimenez (Esp/BAN) 00:59, 7. Fernando Escartin (Esp/KEL) 00:59, 8. Jan Ullrich (Ger/TEL) 00:59, 9. Jean-Cyril Robin (Fra/USP) 00:59, 10. Leonardo Piepoli (Ita/SAE) 00:59

Gesamteinzel
1. Jan Ullrich 47:25:18, 2. Bobby Julich 01:18, 3. Bo Hamburger 02:17 10. Bjarne Riis 03:51, 35. Georg Totschnig 08:56, 47. Udo Bölts 14:04, 63. Jens Heppner 23:59, 72. Rolf Aldag 27:00, 91. Erik Zabel 30:53, 93. Francesco Frattini 31:40, 106. Christian Henn 33:17

Grünes Trikot
1. Eric Zabel 201 Punkte
Gepunktetes Trikot
1. Rodolfo Massi 131 Punkte
Gesamtmannschaft
Cofidis 142:11:15

11. Etappe, Luchon–Plateau de Beille (170 km)
1. Marco Pantani (Ita/MER), 5:15:27 h (Durchschnitt: 32,334 km/h),
2. Roland Meier (Sui/COF) 01:26,
3. Bobby Julich (Usa/COF) 01:33,
4. Michael Boogerd (Ned/RAB) 01:33,
5. Leonardo Piepoli (Ita/SAE) 01:33,
6. Fernando Escartin (Spa/KEL) 01:33,
7. Christophe Rinero (Fra/COF) 01:33,
8. Jan Ullrich (Ger/TEL) 01:40, 9. Kevin Livingston (Usa/COF) 02:01, 10. Angel Casero (Spa/VIT) 02:03

Gesamteinzel
1. Jan Ullrich 52:42:25

2. Bobby Julich 01:11, 3. Laurent Jalabert 03:01, 15. Bjarne Riis 07:00, 32. Georg Totschnig 14:00, 44. Udo Bölts 23:01, 83. Rolf Aldag 45:19, 87. Jens Heppner 47:12, 89. Erik Zabel 49:12, 106. Francesco Frattini 57:22, 116. Christian Henn 58:59

Grünes Trikot
1. Erik Zabel 207 Punkte
Gepunktetes Trikot
1. Rodolfo Massi 180 Punkte
Gesamtmannschaft
Cofidis 158:02:08

12. Etappe, Tarascon-sur-Ariège–Le Cap d'Agde (221 km)
1. Tom Steels (Bel/MAP), 4:12:51 h (Durchschnitt: 48.764 km/h),
2. François Simon (Fra/GAN) 00:00,
3. Stephane Barthe (Fra/CSO) 00:00,
4. Nicola Minali (Ita/RIS) 00:00, 5. Erik Zabel (Ger/TEL) 00:00, 6. Stuart O'Grady (Aus/GAN) 00:00, 7. Andrea Ferrigato (Ita/VIT) 00:00, 8. Aart Vierhouten (Ned/RAB) 00:00, 9. Leonardo Guidi (Ita/PLT) 00:00, 10. George Hincapie (USA/USP) 00:00

Gesamteinzel
1. Jan Ullrich 56:55:16, 2. Bobby Julich 01:11, 3. Laurent Jalabert 03:01, 15. Bjarne Riis 07:00, 32. Georg Totschnig 14:00, 42. Udo Bölts 23:01 89. Erik Zabel 49:12, 84. Rolf Aldag, 90. Jens Heppner 51:05, 116. Christian Henn 1:02:52, 117. Francesco Frattini 1:03:28

Grünes Trikot
1. Erik Zabel 237 Punkte
Gepunktetes Trikot
1. Rodolfo Massi 181 Punkte
Gesamtmannschaft
Cofidis 170:40:41

13. Etappe, Frontignan-la-Peyrade–Carpentras (191 km)
1. Daniele Nardello (Ita/MAP), 4:32:46 h (Durchschnitt: 43.113 km/h),
2. Vicent Garcia-Acosta (Spa/BAN)

00:00, 3. Andrea Tafi (Ita/MAP) 00:00,
4. Stéphane Heulot (Fra/FDJ) 00:00,
5. Marty Jemison (USA/USP) 00:00,
6. Koos Moerenhout (Ned/RAB)
00:00, 7. Serguei Ivanov (Rus/TVM)
02:27, 8. Fabio Roscioli (Ita/ASI)
02:43, 9. François Simon (Fra/GAN)
02:43, 10. Maarten Den Bakker
(Ned/RAB) 02:43

Gesamteinzel
1. Jan Ullrich 61:30:53, 2. Bobby
Julich 01:11, 3. Laurent Jalabert 03:01
17. Bjarne Riis 07:00, 32. Georg Totschnig 14:00, 44. Udo Bölts 23:01,
77. Erik Zabel 49:12, 82. Jens Heppner
51:05, 90. Rolf Aldag 58:17, 122. Christian Henn 1:11:57, 123. Francesco
Frattini 1:12:33

Grünes Trikot
1. Erik Zabel 252 Punkte
Gepunktetes Trikot
1. Rodolfo Massi 181 Punkte
Gesamtmannschaft
Cofidis 184:27:32

14. Etappe, Valréas–Grenoble (185 km)
1. Stuart O'Grady (Aus/GAN), 4:30: 53
h (Durchschnitt: 41.309 km/h), 2. Giuseppe Calcaterra (Ita/SAE) 00:00,
3. Orlando Rodrigues (Por/BAN)
00:00, 4. Leon Van Bon (Ned/RAB)
00:00, 5. Peter Meinert (Den/USP)
00:00, 6. Laurent Desbiens (Fra/COF)
00:00, 7. Frederic Guesdon (Fra/FDJ)
08:27, 8. Rafael Diaz Justo (Spa/ONC)
08:27, 9. Erik Zabel (Ger/TEL) 10:05,
10. Jan Svorada (Cze/MAP) 10:05

Gesamteinzel
1. Jan Ullrich 66:11:51, 2. Bobby Julich
01:11, 3. Laurent Jalabert 03:01,
17. Bjarne Riis 07:00, 32. Georg Totschnig 14:00, 44. Udo Bölts 23:01,
79. Erik Zabel 49:12, 85. Jens Heppner 51:05, 92. Rolf Aldag 58:17,
123. Christian Henn 1:11:57,
124. Francesco Frattini 1:12:33

Grünes Trikot
1. Erik Zabel 264 Punkte
Gepunktetes Trikot
1. Rodolfo Massi 195 Punkte
Gesamtmannschaft
Cofidis 198:20:21

15. Etappe, Grenoble–Les Deux Alpes (189 km)
1. Marco Pantani (Ita/MER), 5:43:45 h
(Durchschnitt: 32,989 km/h), 2. Rodol-
fo Massi (Ita/CSO) 01:54, 3. Fernando
Escartin (Esp/KEL) 01:59, 4. Christo-
phe Rinero (Fra/COF) 02:57, 5. Bobby
Julich (USA/COF) 05:43, 6. Michaël
Boogerd (Ned/RAB) 05:48, 7. Marcos
Serrano (Esp/KEL) 06:04, 8. Jean-Cyril
Robin (Fra/USP) 06:34, 9. Manuel Bel-
tran (Esp/BAN) 06:40, 10. Dariusz
Baranowski (Pol/USP) 06:40

Gesamteinzel
1. Marco Pantani 71:58:37, 2. Bobby
Julich 03:53, 3. Fernando Escartin
04:14, 4. Jan Ullrich 05:56, 19. Bjarne
Riis 12:56, 34. Udo Bölts 28:57,
41. Georg Totschnig 41:08, 69. Rolf
Aldag 1:10:49, 78. Jens Heppner
1:18:13, 83. Erik Zabel 1:22:02,
120. Christian Henn 1:44:47,
123. Francesco Frattini 1:47:29

Grünes Trikot
1. Erik Zabel 272 Punkte
Gepunktetes Trikot
1. Rodolfo Massi 307 Punkte
Gesamtmannschaft
Cofidis 215:46:56

16. Etappe, Vizille–Albertville (204 km)
1. Jan Ullrich (Ger/TEL), 5:39:47 h
(Durchschnitt: 36,022 km/h),
2. Marco Pantani (Ita/MER) 00:00,
3. Bobby Julich (USA/COF) 01:49,
4. Fernando Escartin (Esp/KEL) 01:49,
5. Axel Merckx (Bel/PLT) 01:49,
6. Michaël Boogerd (Ned/RAB) 01:49,
7. Bjarne Riis (Dan/TEL) 01:49, 8. Leonardo Piepoli (Ita/SAE) 01:49, 9. Stép-

hane Heulot (Fra/FDJ) 01:49, 10. Jean-Cyril Robin (Fra/USP) 01:49

Gesamteinzel
1. Marco Pantani 77:38:24, 2. Bobby Julich 05:42, 3. Jan Ullrich 05:56, 14. Bjarne Riis 14:45, 30. Udo Bölts 35:08, 37. Georg Totschnig 45:30, 52. Rolf Aldag 1:15:11, 79. Jens Heppner 1:46:46, 83. Erik Zabel 1:50:35 113. Christian Henn 2:13:20, 120. Francesco Frattini 2:22:36

Grünes Trikot
1. Erik Zabel 272 Punkte
Gepunktetes Trikot
1. Rodolfo Massi 335 Punkte
Gesamtmannschaft
Cofidis 232:54:17

17. Etappe, Albertville–Aix-les-Bains (149 km)
Etappe ohne Wertung.

18. Etappe, Aix-les-Bains–Neuchâtel (218 km)
1. Tom Steels (Bel/MAP), 4:53:27 h (Durchschnitt: 44,675 km/h), 2. Erik Zabel (Ger/TEL) 00:00, 3. Stuart O'Grady (Aus/GAN) 00:00, 4. Robbie McEwen (Aus/RAB) 00:00, 5. Jacky Durand (Fra/CSO) 00:00, 6. Leon Van Bon (Ned/RAB) 00:00, 7. François Simon (Fra/GAN) 00:00, 8. Nicolas Jalabert (Fra/COF) 00:00, 9. Aart Vierhouten (Ned/RAB) 00:00, 10. Viatchesla Djavanian (Rus/BIG) 00:00

Gesamteinzel
1. Marco Pantani 82:31:51, 2. Bobby Julich 05:42, 3. Jan Ullrich 05:56, 9. Bjarne Riis 14:45, 21. Udo Bölts 35:20, 26. Georg Totschnig 45:30, 42. Rolf Aldag 1:25:05, 57. Jens Heppner 1:46:46, 60. Erik Zabel 1:50:35, 77. Christian Henn 2:13:32, 92. Francesco Frattini 2:31:25

Grünes Trikot
1. Erik Zabel 294 Punkte

Gepunktetes Trikot
1. Christophe Rinero 200 Punkte
Gesamtmannschaft
Cofidis 247:34:38

19. Etappe, La Chaux-de-Fonds–Autun (242 km)
1. Magnus Backstedt (Swe/GAN), 5:10:14 h (Durchschnitt: 46,803km/h), 2. Maarten Den Bakker (Ned/RAB) 00:00, 3. Eddy Mazzoleni (Ita/SAE) 00:00, 4. Pascal Derâme (Fra/USP) 00:00, 5. Frederic Guesdon (Fra/FDJ) 00:25, 6. Fabio Sacchi (Ita/PLT) 00:25, 7. Jacky Durand (Fra/CSO) 00:25, 8. Alain Turicchia (Ita/ASI) 00:25, 9. Stuart O'Grady (Aus/GAN) 00:25, 10. Thierry Gouvenou (Fra/BIG) 00:25

Gesamteinzel
1. Marco Pantani 87:58:43, 2. Bobby Julich 05:42, 3. Jan Ullrich 05:56, 9. Bjarne Riis 14:45, 21. Udo Bölts 35:20, 27. Georg Totschnig 45:30, 43. Rolf Aldag 1:25:05, 57. Jens Heppner 1:46:46, 62. Erik Zabel 1:50:35, 80. Christian Henn 2:13:32, 92. Francesco Frattini 2:31:25

Grünes Trikot
1. Erik Zabel 305 Punkte
Gepunktetes Trikot
1. Christophe Rinero 200 Punkte
Gesamtmannschaft
Cofidis 263:55:14

20. Etappe, Montceau-les-Mines–Le Creusot (52 km)
1. Jan Ullrich (Ger/TEL), 1:03:52 h (Durchschnitt: 48,852 km/h), 2. Bobby Julich (USA/COF) 01:01, 3. Marco Pantani (Ita/MER) 02:35, 4. Dariusz Baranowski (Pol/USP) 03:11, 5. Andrej Teteriuk (Kaz/LOT) 03:46, 6. Wjatscheslaw Jekimov (Rus/USP) 03:48, 7. Christophe Rinero (Fra/COF) 03:50, 8. Riccardo Forconi (Ita/MER) 03:55, 9. Axel Merckx (Bel/PLT) 03:59, 10. Roland Meier (Sui/COF) 04:29

Gesamteinzel
1. Marco Pantani 89:05:10, 2. Jan Ullrich 03:21, 2. Bobby Julich 04:08,
11. Bjarne Riis 19:10, 21. Udo Bölts 37:25, 27. Georg Totschnig 50:13,
43. Rolf Aldag 1:29:27, 56. Jens Heppner 1:50:43, 62. Erik Zabel 1:56:57, 80. Christian Henn 2:19:52,
93. Francesco Frattini 2:40:43

Grünes Trikot
1. Erik Zabel 305 Punkte
Gepunktetes Trikot
1. Christophe Rinero 200 Punkte
Gesamtmannschaft
Cofidis 267:16:10

21. Etappe, Melun–Paris (147,5 km)
1. Tom Steels (Bel/MAP), 3:44:38 h (Durchschnitt: 39,398 km/h), 2. Stefano Zanini (Ita/MAP) 00:00, 3. Stuart O'Grady (Aus/GAN) 00:00, 4. George Hincapie (USA/USP) 00:00, 5. Erik Zabel (Ger/TEL) 00:00, 6. Robbie McEwen (Aus/RAB) 00:00, 7. Mario Traversoni (Ita/MER) 00:00, 8. François Simon (Fra/GAN) 00:00, 9. Damien Nazon (Fra/FDJ) 00:00, 10. Alain Turicchia (Ita/ASI) 00:00

Abschlußklassement nach 3711,6 km
1. Marco Pantani 92:49:46
2. Jan Ullrich 3:21
3. Bobby Julich 4:08,
4. Christophe Rinero 9:16
5. Michael Boogerd 11:26
6. Jean-Cyril Robin 14:57
7. Roland Meier 15:13
8. Daniele Nardello 16:07
9. Giuseppe Di Grande 17:35
10. Axel Merckx 17:39,
11. Bjarne Riis 19:10
12. Dariusz Baranowski 19:58
13. Stéphane Heulot 20:57
14. Leonardo Piepoli 22:45
15. Bo Hamburger 26:39
21. Udo Bölts 37:25
27. Georg Totschnig 50:13
43. Rolf Aldag 1:29:27

56. Jens Heppner 1:50:43
62. Erik Zabel 1:58:57
80. Christian Henn 2:19:52
93. Francesco Frattini 2:43:16

Punktwertung (Grünes Trikot)
1. Erik Zabel 327 Punkte
2. Stuart O'Grady 230
3. Tom Steels 221
4. Robbie McEwen 196
5. George Hincapie 151
6. François Simon 149
7. Bobby Julich 114
8. Jacky Durand 111
9. Alain Turicchia 99
10. Marco Pantani 90
12. Jan Ullrich 83

Bergwertung (Gepunktetes Trikot)
1. Christophe Rinero 200 Punkte
2. Marco Pantani 175
3. Alberto Elli 165
4. Cedric Vasseur 156
5. Stéphane Heulot 152
6. Jan Ullrich 126
7. Bobby Julich 98
8. Michaël Boogerd 92
9. Leonardo Piepoli 90
10. Roland Meier 89

Mannschaftswertung
1. Cofidis 278:29:58
2. Casino 29:09
3. US Postal 41:40
4. Telekom 46:01
5. Lotto 1:04:14
6. Polti 1:06:32